高等学校电子商务专业系列教材

网店运营与管理

主　编　周诗天　魏　磊　刘晓丹

副主编　王增宝　邢　花　赵　惠

参　编　万雨晴　吴世琴　倪燕雨

西安电子科技大学出版社

内 容 简 介

本书根据初学者的知识结构和学习逻辑，系统地介绍了网店运营与管理的理论方法和业务操作。全书共分十一章，即网店运营与管理概述、网店规划与开设、网店设计装修、网店推广、网店促销与营销工具、网店内容营销、网店直播运营、网店站外引流、跨境电商的网店运营、网店客户服务与物流管理、网店运营数据分析。除主要内容外，每一章都包含了学习目标、思政目标、知识结构图、案例导入、本章回顾、思考练习等板块，以帮助读者更好地使用本书。

本书注重理论与实践相结合，内容新颖，实例丰富，既可作为高等院校电子商务及相关专业的教材或教学参考书，也可作为继续教育的培训教材或社会各界人士的自学参考书。

图书在版编目 (CIP) 数据

网店运营与管理 / 周诗天，魏磊，刘晓丹主编 . -- 西安 : 西安电子科技大学出版社 , 2024. 7. -- ISBN 978-7-5606-7303-5

Ⅰ . F713.365.2

中国国家版本馆 CIP 数据核字第 2024CB2635 号

策　　划　　秦志峰　　刘统军
责任编辑　　秦志峰
出版发行　　西安电子科技大学出版社 (西安市太白南路 2 号)
电　　话　　(029) 88202421　88201467　　　　邮　　编　　710071
网　　址　　www.xduph.com　　　　　　　电子邮箱　　xdupfxb001@163.com
经　　销　　新华书店
印刷单位　　陕西天意印务有限责任公司
版　　次　　2024 年 7 月第 1 版　　2024 年 7 月第 1 次印刷
开　　本　　787 毫米 × 1092 毫米　1/16　　印　张　14.75
字　　数　　350 千字
定　　价　　45.00 元

ISBN 978-7-5606-7303-5

XDUP 7604001-1

*** 如有印装问题可调换 ***

前言

1994 年 7 月 5 日亚马逊创立，1995 年 ebay 创立，2003 年淘宝网上线，随后京东、拼多多等电商平台纷纷崛起，网络零售逐渐发展成熟，网上开店成为很多人的选择。在电子商务发展初期，很多网店享受到了流量红利，获得了爆发式增长。但随着流量成本的逐渐升高，流量红利逐渐消失，网店运营与管理从过去爆发式的流量红利期进入精细化运营时期。精细化运营要求卖家结合渠道、转化流程和用户行为数据，开展有针对性的运营活动，以提升店铺的转化率。同时，精细化运营要具备数据驱动的思维，用数据优化运营，进而实现客户和业务的增长。《中华人民共和国电子商务法》(以下简称《电子商务法》) 于 2019 年 1 月 1 日起正式实施，意味着我国电子商务行业告别了"野蛮生长"期，正式进入了法律监管范围。《电子商务法》从各方面规范了电子商务的运营秩序，详细规定了电商经营者、电商平台经营者的法律责任和权利。

党的二十大报告提出，要加快发展数字经济，促进数字经济和实体经济深度融合。作为数实融合的重要结晶，网店运营与管理不仅能够贯通生产与市场，而且在促进创业、扩大就业、推动经济增长等方面也发挥着重要作用。鉴于以上背景，本书从精细化运营的角度给出了相对完善的网店运营策划思路。

本书编写人员有 9 人，具体编写分工是：第一、四章由周诗天编写，第二、九章由刘晓丹编写，第三、十一章由赵惠编写，第五章由吴世琴编写，第六章由倪燕雨编写，第七章由邢花编写，第八章由万雨晴编写，第十章由王增宝编写。周诗天、魏磊、刘晓丹负责全书的修改整合工作。

限于作者水平，书中内容难免有疏漏和不妥之处，诚请读者指正。

编　者

2023 年 10 月

目　录

第一章　网店运营与管理概述

 学习目标

1. 了解网店的概念。
2. 了解开网店的基础知识。
3. 熟悉网店的购物流程。
4. 掌握网店的购买因素与商品选择因素。

> **思政目标**

1. 具体分析开设网店的基础知识，培养学生的创新精神。
2. 引导学生掌握开店规划，提升社会服务意识。

 知识结构图

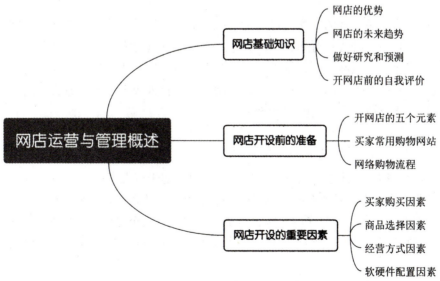

 案例导入

小凡凡是一家奶茶店的销售员。为了拓展市场份额，老板决定开设网店，他把这个重任交给了小凡凡。毫无网店运营经验的小凡凡为了完成任务，特意请教了一位资深网店店长，并得到了毫无保留的耐心指导。小凡凡学习到了网店的规划、注册、装修、推广、运营等一系列知识。除了当面请教资深网店店长，小凡凡还买了一些网店运营方面的书籍阅读学习。一个月后，网店顺利开张，运转还算顺利。小凡凡暗自庆幸，幸亏在开网店前经过了系统的学习与请教，掌握了不少实用知识，才顺利完成了任务。

思考题

开网店前应该做哪些功课？

▶▶🛒 第一节　网店基础知识

开网店是在互联网上进行交易活动的商业行为，它的历史可以追溯到 20 世纪 90 年代初期，当时通过互联网进行商业活动还是罕见的事情。

1995 年，著名的在线书店亚马逊公司开设网站，销售书籍和其他产品。当时主要是以 B2C(企业对消费者) 为主，绝大多数人并没有在网上购物的意识和行为。

2000 年之后，随着互联网技术的不断发展，网店进入快速发展期，出现了更多新的电商平台，如淘宝、京东等。与此同时，移动设备和智能手机的普及，使得手机网上购物成为新兴趋势。

网店又被称为"虚拟商店""网上商店""网上商场"等。网店经营者自己搭建网站或通过第三方平台，如淘宝、京东，注册一个虚拟的网上商店，然后将待售商品的信息发布到网页上；对商品感兴趣的买家通过浏览这些商品信息，进行选择，以网上或网下的支付方式向经营者付款；经营者再通过邮寄等方式将商品发送到购买者手中。

网上开店是在互联网时代背景下诞生的一种新的销售方式。与传统商业模式、大规模网上商城及零星的个人用品网上拍卖相比，网上开店投入较小，经营方式灵活，存在较好的利润空间，因此成为许多人的创业途径。

一、网店的优势

与实体店铺相比，开网店具有独特的优势，总结起来有五点：

(1) 方便快捷。卖家只要在网上商城按照要求提交相关资料，审核通过即可开店。

(2) 低成本。卖家不需要交纳水费、电费、管理费，甚至可免费入驻网上商城。

(3) 经营时间灵活。只要网络通畅，可全天 24 小时经营，卖家可以根据自己的时间灵活安排经营时间。

(4) 不受地域限制。网店不像实体店那样会受到地域的影响。

(5) 交易迅速。网上购物迅速，买家与卖家达成一致即可下单付款。如图 1-1 所示，消费者在淘宝网上选好商品，直接点击购买，确认交易，买家与卖家不用交流即可完成交易。

图 1-1　在淘宝上直接下单购买

二、网店的未来趋势

随着通信和互联网技术的不断发展，网店行业的发展也伴随着如下一些新趋势：

(1) 人工智能。在未来，网店将会应用更多的 AI 技术，比如智能客服、智能推荐等，提高用户的购物体验。

(2) 虚拟现实。虚拟现实技术将为网店带来新的机遇。买家可以通过虚拟现实设备将商品直接放在自己所在的环境中，更好地感受商品的特性。

(3) 无人零售。随着无人驾驶技术和人工智能技术的迅速发展，无人零售将成为新趋势。买家通过扫描二维码或面部识别等方式交易商品，无须人工介入。

三、做好研究和预测

生意人经常说"市场预测不可少，盲目经营不得了"，这是在强调无论开什么样的店，都离不开市场预测。市场预测是指通过各种手段获取大量信息，经过研究分析，预测在未来的一段时间内市场需求与供应的变化趋势。通过深入的市场预测，可以掌握未来市场环境及其变化，更好地组织货源、拓展业务、满足市场需求，以提高经济效益。

正确的市场预测是以科学的调查分析和理性思考为基础的。一般来说，研究和预测要做好下面几点。

1. 研究当前社会热点

社会不断发展，热点不断出现，只要细心观察，就会发现有许多大大小小的热点和公众话题，例如世界杯热点、某明星热点。如图 1-2 所示，世界杯期间，淘宝上出现了很多与世界杯有关的商品，比如阿根廷队梅西的 10 号球衣热卖。我们所在的城市也会有许多热点，例如画展、歌舞比赛、旅游节等。热点在精明的商人眼中都是商机，都可以赚钱。抓住热点，把握题材，别具匠心，就有赢利的可能。

图1-2   阿根廷队梅西的10号球衣热卖

2. 研究别人在做什么

如果缺少网店经验，又缺少资金运转，不如研究一下别人在做什么，研究网上什么商品热卖，什么交易好做。要掌握入门的诀窍，就要先研究成功者的创业历程，学习他们的经营特点，摸清相关门道，积累必要的经验。

3. 研究生活节奏的变化

现代社会生活节奏非常快，精明的生意人针对这一点，卖起了多种多样适合快节奏生活需求的商品。例如，在穿衣打扮方面，人们更喜欢休闲、自然、舒适的服装，可以尝试卖这类服装。在出行方面，现在私家车较多，围绕交通和汽车用品市场做生意，前景也很好。

4. 观察生活方式变化

随着物质生活水平的提高，人们对精神文化生活的要求也在提高，可以考虑提供一些文化产品及相关服务，也可以考虑提供方便实惠的旅游产品。例如，如图1-3所示是一家与旅游有关的户外用品店的商品。

图1-3   与旅游有关的户外用品店的商品

细致缜密地做好研究和预测是投资网店成功的关键。创业之初要做好研究分析、市场调查，绝不可人云亦云、好高骛远。只有对市场有充分的了解后，网上开店才可能赚到钱。

四、开网店前的自我评价

开网店之前，是否考虑过自己适合开网店吗？想要开网店赚钱，就得用心经营网店，占用一定的时间和精力来寻找货源、推广经营以及与快递公司打交道。开网店前主要要考虑以下三个问题。

1. 进货渠道是否稳定

确定所售商品后，必须考虑清楚货源是否稳定，是否会因缺货、供货不及时、货物质量参差不齐、售后服务不完善等因素影响网店的经营。

货源基本确定下来后，需要对供货商家进行考察分析。供货商家的规模与能力决定了货源稳定与否。如果想长期经营某些商品，那么需要格外关注供货商的发展前景。商品货源是网店的根本，如果没有稳定的货源，那么即使其他方面做得再好，网店经营也很难成功。

2. 在线时间是否充足

网店经营中，必须与众多的买家进行网上交流，需要店主有足够的时间来上网。因此开网店之前必须考虑清楚自己上网是否方便，是否有足够的在线时间。如图1-4所示，买家要换货，卖家就得及时和买家沟通。不少卖家表示，和买家沟通花费的时间真的不少。

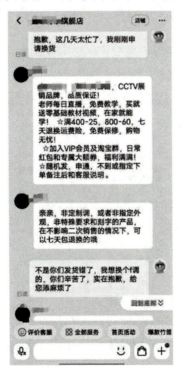

图1-4　卖家与买家沟通换货问题

此外，联系货源、进货、发货和寄快递也需要一定的时间。这些工作有一部分也需在线完成。例如办公室白领有上网的条件，也可以利用休息日去进货，但是不能在上班时间经常联系快递小哥发货。如果本职工作不方便外出，实在没有足够的时间发货，可以考虑选择网店代销，这样就不必为货源和发货操心了。

3. 身边物流是否便捷

物流是网店经营中非常重要的环节。目前，快递服务在一些大中城市非常方便，但有些小县城和边远地区的快递服务不太发达。选择快递服务时，要考虑快递能否正常到达和费用是否高昂。店主最好设立一个固定的联系地址，方便快递公司上门取货；并且要选择服务信誉良好、可以长期合作的快递公司，这样不仅方便及时发货，而且货物一旦发生损坏、丢失等情况，解决起来也比较容易。

第二节　网店开设前的准备

开网店前，先要了解网店的五个元素，以及买家常逛的购物网站、网络购物的流程等。

一、开网店的五个元素

网店越来越多，必须要新奇特才能脱颖而出。做好五个方面，网店成功的概率就会提升很多。

(1) 新款。新款是含有当下流行元素，因明星代言或节日重大活动而流行的各种类型商品。

(2) 奇特，也就是个性，非一般的感觉。年轻人是网购的主流群体，他们喜欢追求时尚、个性。如图 1-5 所示，商家直接将"新款时尚"写入女装介绍。

图 1-5　淘宝某新款时尚女装

(3) 质量。质量永远是吸引回头客的因素。

(4) 搭配。每一个顾客都有立体的连带的产品需求，搭配销售对销量的提升很有帮助。

(5) 实惠。在保证产品质量好、款式新、个性化的同时，又要做到物美价廉。

二、买家常逛的购物网站

购物网站是为买卖双方提供交易的互联网平台。卖家可以在网站上发布出售商品的信息，买家可以从中选择并购买自己需要的商品，足不出户即可购买到所需物品。

1. 综合购物类网站

(1) 淘宝网。淘宝网是亚太地区最大的网络零售商，由阿里巴巴集团在 2003 年 5 月 10 日投资创立，覆盖了中国绝大部分网购人群。

(2) 京东商城。京东商城是中国 B2C 市场最大的 3C 网购专业平台，目前是中国电子商务领域最受消费者欢迎和最具影响力的电子商务网站之一。

(3) 拼多多。2015 年 4 月，拼多多正式上线；2016 年 6 月，拼多多与拼好货宣布合并。拼多多作为新电商开创者，致力于将娱乐社交的元素融入电商运营中，是国内移动互联网的主流电子商务应用平台之一。

2. 专业购物类网站

(1) 苏宁易购。苏宁易购是苏宁电器旗下新一代 B2C 网上购物平台，主要经营传统家电、3C 电器等商品。

(2) 滴滴出行。滴滴出行是涵盖出租车、专车、滴滴快车、顺风车、代驾、货运等多项业务在内的一站式出行平台。图 1-6 所示为滴滴 logo。

图 1-6　滴滴 logo

3. 团购类网站

美团为团购类网站。美团成立于 2010 年，是以团购为主的消费类网站，它可以让消费者享受超低折扣的优质服务。大众点评曾是美团的主要竞争对手，主要提供餐饮、美容、电影、旅游等团购服务，2015 年被美团收购。

三、网络购物流程

网络购物行为是购物者通过网络发生的购买和使用商品 (服务) 的行为。一个网络购物者完整的购物过程可分为以下五个阶段。

(1) 确认需要。购物者的购物行为起源于对某种需求的确认。购物者应理性地确认自己的购物需求。

(2) 收集信息。用户搜索到目标商品后，除关注商品本身属性外，还会浏览用户评论等商品相关信息。

(3) 比较选择。用户会对各种渠道搜集到的信息进行比较、分析、研究。

(4) 购买决策。用户做出决策，决定购买商品。

(5) 购后评价。大部分用户在购买后会发表商品相关评论，分享购物经验，为其他人提供参考。

▶▶🛒 第三节 网店开设的重要因素

在传统购物中，购物者选择商家店铺时常考虑交通、商业网点、店家信誉、促销活动、服务质量、购物环境等因素；而网络购物者选择商家店铺时主要关注网站的知名度、网店信誉、产品信息的完整度、同类产品的比较信息、支付形式、信息安全等因素。

一、买家购买因素

1. 网店口碑及知名度

目前购物网站很多，网站的口碑和知名度成为买家访问网站的首选因素。为了满足网购者的多样性需求，越来越多的网站都提供一站式服务，一个购物网站就能满足消费者的多种购买需求，以增加顾客满意度和网站口碑。图 1-7 所示为店小二为了网店口碑，请求买家点五星好评。

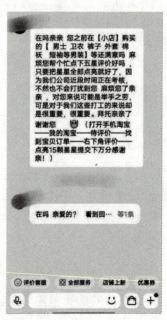

图 1-7 店主请求买家追加五星好评

2. 商品质量

购物者在网购过程中最看重的因素是商品质量。在有过不满意购物经历的用户中，有近一半的比例是因为商品与网站宣传不一致，有近 1/4 的比例是因为买到假冒伪劣产品。

3. 商品价格

网店作为新兴市场，减少了传统营销中的中间费用和额外的信息费用，节约了产品成本，因而商品价格更为优惠，更能吸引消费者。

4. 服务质量

用户在网购时，还关注以往用户对该商品的点评、商家物流速度、客服态度、商品退换货服务等服务质量问题。

5. 信息安全

在网购的各个环节，网店应加强安全和防范措施，最大限度地保障用户的信息安全，以树立用户网购的信心。

二、商品选择因素

卖家在选择网店主营商品之前，需要先对整个市场有充分的认识和了解，分析市场的整体趋势，掌握采购市场的行情和动态。在销售商品的选择上需考虑如下因素。

1. 根据市场趋势选择商品

对市场趋势进行调查，选择适宜的商品，查看商品的长期走势、客户人群特性、商品搜索量和成交量的排行榜等内容，以此对该商品类目进行全方位的分析。图 1-8 所示为2023 年天猫 618 活动期间美妆品牌销售榜。

图 1-8　2023 年天猫 618 活动期间美妆品牌销售榜

2. 选择符合市场需求和行业行情的商品

卖家选择网店商品时，要分析网店商品所属的行业是否处于饱和状态，是否为当前热门行业，是否为潜力行业，行业竞争是否过于激烈；既可以选择热门行业迎合大众的消费需求，也可以选择冷门行业独辟蹊径打造网店的风格。

3. 销售自己熟悉的商品

对于刚入行的卖家，建议从自己喜欢和熟悉的商品入手，这样能先易后难，快速入门。

4. 销售有货源优势的商品

选择卖家能够接触到的更加优质或者低价的货源，有了货源保证，经营网店就容易很多。

三、经营方式因素

网店和实体店一样都需要经营。卖家应根据个人的实际情况，选择适合自己的经营方式。网店有以下四种经营方式。

1. 网店和实体店并举

很多网店是实体店铺卖家拓展销售渠道的方式，即网店只是实体店铺的补充。如图 1-9 所示的米德宝家庭快餐店，既有实体店铺，也有网上店铺同步销售。

不少卖家表示，虽然网购在价格上确实要比实体购物便宜一些，但是在线购物无法看到真实的商品，只能观看图片或视频影像，消费者难以了解商品的质量。通过网上浏览了解商品的人，也不一定都是买家，他们可能浏览了网店，但并未下单购买。如果开了实体店，最好同时也开个网店，线上线下同时销售，相辅相成，生意就更容易做大做强。

2. 全职经营网店

有的卖家将开网店作为自己唯一的职业。如果很了解网店流程，有一定的开店经验和资金，并且时间充裕，可以考虑全职经营网店。

全职经营网店有两种情形：第一种是一开始就雄心壮志，全职经营；第二种是先兼职，等经营状况改善以后转为全职。全职经营网店需要顽强的斗志和良好的心态，在资金和时间上的投入也非常多。

图 1-9　米德宝家庭快餐店

3. 兼职经营网店

有的卖家将网店作为自己的副业。如果没有足够的资源和资金，恰好还有一份稳定的工作，又想尝试开个网店，那么就考虑兼职经营网店。

现在许多在校学生利用课余时间经营网店。如图 1-10 所示，南京大学生小王，学习之余兼职开网店卖女装。也有一些职场人士利用工作的便利开设网店，增加收入。兼职经营网店往往会受到客观条件的限制，例如正常上班、兼顾学业、家庭孩子的牵绊等。兼职经营网店没有想象中那么轻松和自由。

4. 电商代运营

有些卖家没有经营网店的经验，就将店铺日常的管理、营销、推广工作委托给专业的网店代运营。电商代运营企业会帮助网店进行平台入驻、店铺装修、产品管理、运营推广、在线客服等一系列运营工作，以提升网店销量和品牌形象。

在电商代运营中，代运营企业需要负责店铺的销售额、信誉度、售后评价等方面的维护和优化，同时需要在平台上进行各种推广和宣传活动，提高店铺的曝光率和影响力，吸引更多的潜在客户，提高客户的转化率。

四、软硬件配置因素

了解了开网店的基础知识后，就可以开始硬件、软件的配置了。

1. 硬件配置

首先要准备好硬件设备，主要包括方便携带的电脑、可使用的网络、移动电话、数码相机等，必要时还需配置扫描仪。

(1) 电脑和网络。开网店做生意必须可以随时上网，因为需要在网上查询信息、与买家沟通交易、管理店铺、转账汇款等，因此稳定畅通的网络和配置良好的电脑是必不可少的。

(2) 联系电话。联系电话主要用于进货与物流，也用于卖家与买家的交流沟通，毕竟打电话比文字交流更加方便。

(3) 数码相机。买家网上购物的选择主要取决于商品图片的好坏，买家的视觉感受决定购买欲望，优质的商品图片会促进交易，所以数码相机必不可少。

(4) 扫描仪。如果商品有现成的图片，就无须用数码相机照相，只需用扫描仪将图片扫到电脑里。需要说明的是，扫描仪提供的图片质量较好，总体输出更稳定。

2. 软件准备

开网店还需要一些基本的应用软件，主要包括上网工具、聊天工具、网银交易工具、图片处理工具等。

(1) 上网工具。网页浏览器用于打开网页登录网店，常用的有 Internet Explorer、360 浏览器、搜狗高速浏览器等。各大浏览器如图 1-11 所示。

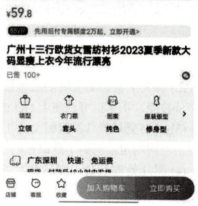

图 1-10 大学生小王兼职开女装网店

图 1-11　各大浏览器

(2) 聊天工具。淘宝网的基本聊天工具是阿里旺旺，学会使用阿里旺旺是开好淘宝店的必备技能。卖家也可以使用 QQ 或微信等聊天工具来与买家交流。

(3) 网银交易工具。网银交易工具是辅助网上银行交易的一系列软件，可根据所使用银行的不同而定，例如工商银行的工行网银助手等，其主要功能是保证网上交易的安全。

(4) 图片处理工具。商品图片的好坏直接影响买家的购买欲，如果照片拍得不理想，可以使用图片处理工具处理后再发布。光影魔术手、美图秀秀、Photoshop 等都是常用的图片处理软件。

 本章回顾

网上开店必须先掌握相关基础知识，了解网店的优势、注意事项、流程，对买家和卖家都要事先做好研究。

 思考练习

一、简答题

1. 网店有哪些优势？
2. 怎样选择适合自己的网店经营方式？
3. 刚入行的卖家适合销售什么样的商品？
4. 买家在购买商品时会有哪些考虑因素？

二、案例分析

如果让你开一家网店，你想出售什么产品，又如何规划网店？

参考答案

第二章 网店规划与开设

学习目标

1. 了解网店定位的概念。
2. 了解网店定位的三要素。
3. 了解寻找网店货源的方法。
4. 了解网店开设的知识。
5. 了解常见的网店开设平台。

思政目标

1. 对网店精准定位，对店铺进行整体规划和设计，培养学生的钻研精神。
2. 培养学生的全局观、大局观，提升职业素养。

知识结构图

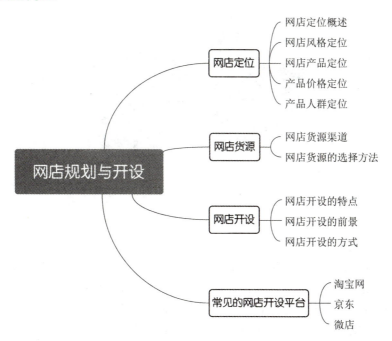

案例导入

案例导入

　　小王觉得自己适合从事网店运营的相关工作。他于是开通了网上店铺，店铺名称为"雨我女装"。他首先要解决的问题是给自己的店铺定位，即什么风格的女装比较合适，女装的价位如何让消费者更容易接受。

思考题

小王的网店该如何规划？

▶▶ 🛒 第一节　网店定位

一、网店定位概述

　　网店定位在网店运营中发挥着非常重要的作用。

1. 网店定位的概念

　　网店定位是指网店重点针对某类客户群体销售产品，包含产品定位、价格定位和群体定位。如图 2-1 所示为某款减肥药，主要针对肥胖人群中的想减肥者。网店定位是做好运营的第一步。

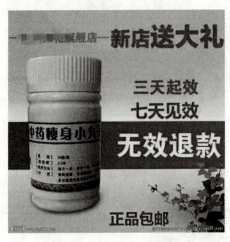

图 2-1　某款瘦身减肥药

2. 网店定位的步骤

　　网店定位的步骤如下：

(1) 前期调研。前期通过上网及其他方式搜集信息，了解产品的行业信息及市场情况。

(2) 网店定位分析。通过网店定位分析，对网店的产品、价格及人群进行精准定位。

(3) 货源找寻。疏通货源渠道，找到适合自己店铺的货源。

(4) 比较同类定位的网店。分析竞争对手的网店，通过对比，看清自己的优势和不足。

(5) 确定网店定位。综合分析各方面调查的结论，给自己的店铺确定一个最终的市场定位。例如，卖家有物美价廉的进货渠道 (折扣优势)，经营的商品知名度高 (名牌优势)，消费者对该商品的购买意向明确 (消费者优势)，而竞争者普遍交易有限 (竞争对手对比优势)，在这种情况下，卖家便可以把自己的网店定位为品牌折扣店。

3. 网店定位的原则

网店定位的原则主要有以下几点：

(1) 兴趣原则。在考虑网店卖什么产品的时候，通常以自己的兴趣爱好为出发点，喜欢什么产品就可以卖什么产品。

(2) 产品导向原则。以自己所喜欢的产品为导向，找出该产品的目标人群及价格区间，从而对网店进行整体定位。

(3) 消费者导向原则。这一原则是对前两条原则的补充。如图 2-2 消费者导向图所示，满足消费者需求导向要考虑消费者、成本、便利和沟通。有时候店主感兴趣的产品可能在市场上需求并不是太大，这时，需要店主对产品进行调整，可以选择市场上需求量较大且自己不讨厌的产品作为网店的选品，从而吸引更多消费者。

图 2-2 消费者导向图

二、网店风格定位

网店风格多种多样，那么什么是网店风格呢？

1. 网店风格的定义

什么是网店风格呢？网店风格是指网店界面带给顾客的直观感受，顾客在浏览的过程中所感受到的店主品位、艺术气氛、人的心境等。

网店风格由网店的产品和定位来决定，它体现着店主的格调。风格定位的基本原则是色彩搭配要符合整个店铺的主题，能够体现店铺的品牌文化及形象，便于顾客记忆，尽量用图文来展示说明。

2. 常见网店风格的类型

一个网店设立什么样的风格，是由该网店所销售的产品决定的。不能要求自己的网店做得十全十美，即使面向的消费人群是一小部分群体，也不可能让所有的人都满意。因此网店店铺风格定位的标准，就是选择适合自己网店的风格。下面简单介绍几种店铺风格的特点。

1) 简约风店铺风格

简约风店铺的色调以本色为主，装修比较简单，注重文字内容的组织和细节的处理，重点突出、言简意赅；保持店铺风格的一致性，特别是促销区、栏目区、招牌区及销售商品属性之间的风格，应该尽量统一。简洁的画面和文字内容的完美结合，给人自然、随性和一目了然的感觉。如图 2-3 所示为简约风格的店铺。

图 2-3　简约风店铺

2) 欧美风店铺风格

欧美风店铺风格的特点是随性、简单、抽象、明快等。网店的商品模特通常以欧美模特为主，背景音乐选择欧美风的歌曲。如图 2-4 所示为欧美风店铺。

图 2-4　欧美风店铺

3) 清新文艺风店铺风格

清新文艺风店铺风格装修色调上忌用亮色，多用素色，特点是小众一点、文艺一点，多分享一些生活感悟，符合文艺青年特质。如图 2-5 所示为清新文艺风店铺。

图 2-5　清新文艺风店铺

4) 搞怪风店铺风格

搞怪风店铺风格的特点是不走寻常路，以黑色粗体的手写文字和搞笑插图为基调，将搞怪路线进行到底，给人强烈的视觉冲击。如图 2-6 所示为搞怪风店铺。

图 2-6　搞怪风店铺

三、网店产品定位

网店产品定位是指确定网店产品在顾客或消费者心目中的形象和地位。这种形象和地位应该是与众不同的，其本质就是强化或放大本店产品属性，突出产品的差别优势，提高消费者的购买欲望。

1. 产品定位方法

下面具体介绍五种常见的产品定位方法。

(1) 产品特点差异定位法。产品本身有很多特点可以去提炼卖点，比如产品的功能、颜色、大小、形状、包装、味道等，这些都可以成为卖家能够突破的点，进而形成相对竞争优势。比如同样卖枸杞，别人卖的都是 500 克至 1000 克的大包装，告诉消费者这个枸杞可泡水喝或者熬粥、熬汤。如果把枸杞做成小包装 (像茶叶包一样)，告诉消费者每个小包装的枸杞既可以当零食吃，也可以泡水喝 (每次一袋)，这样就形成了差异化卖点。再比如，大家都知道的带字苹果，如图 2-7 所示，这种苹果比一般的苹果售价高很多，而实际上这种带字苹果的制作成本很低。这就是靠改变产品的外表而形成的差异化卖点。

图 2-7　带字苹果

(2) 针对特定竞争者定位法。针对特定竞争者定位法首先需要了解最直接的竞争对手是谁，找到销量最好、价位最接近、风格最接近的竞争者后，查看该店铺销量最好的产品的商品评价，找出该产品最大的缺点，然后将对手的产品缺点转换为自己产品的优点，快速形成自己店铺的优势产品。例如，某款连衣裙 (见图 2-8) 在竞争对手的店铺卖得非常好，打开这个连衣裙的详情页，看累计评价情况，产品缺点一般都会在累计评价详情中体现出来，如图 2-9 所示为该款连衣裙的评价。该连衣裙的评价都是说质量好、款式好，不好的是尺寸偏大；那么就可以针对这一弱点定位自己的产品，注意产品尺寸的精确而生产同款连衣裙。

图 2-8　某款连衣裙

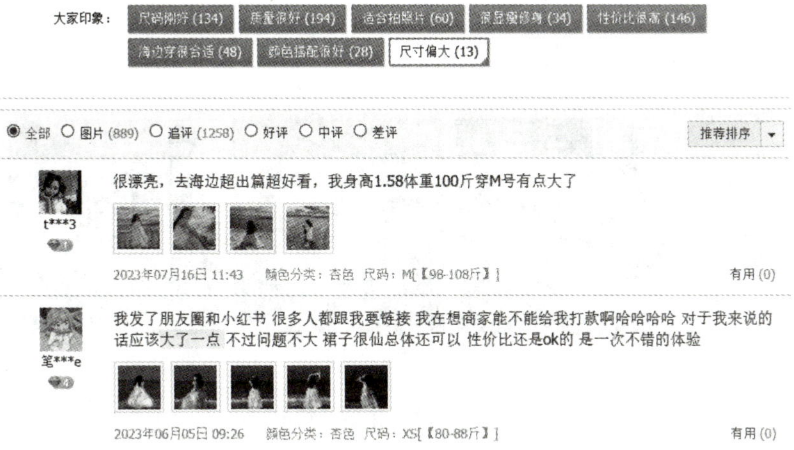

图 2-9　某款连衣裙的评价

(3) 目标消费者定位法。目标消费者定位法就是找到目标消费者关注的焦点，根据消费者的关注点来定位自己的产品。那么，如何才能知道消费者购买商品时所关注的焦点呢？商品详情页中"问大家"可以帮你解决这个问题。找到一款产品，打开这个产品的详情页，页面累计评价的下方有"问大家"功能菜单，在这里可以看到目标消费者所关注的焦点。仍以连衣裙为例，"问大家"里显示目标消费者关注最多的问题是衣服的颜色是否偏暗，而且很多消费者评价该款衣服的颜色确实偏暗。因此可以从目标消费者关注"颜色偏暗"的焦点中找到自己产品的定位。

(4) 产品独特性定位法。产品独特性定位法需要根据产品的特点，创造出一种独特的概念，帮助卖家形成相对的竞争优势。当然，这种独特概念的创造需要卖家有较强的创新能力。这种定位方法与前面几种方法相比，难度更大。而且网店没有永久的绝对竞争优势，只要产品概念好、有市场，很快就有人去复制。就像前面提到的枸杞一样，一旦小包装市场销量好，就会有很多这种小包装的枸杞进入市场。所以产品独特性定位法需要不断的创新。

(5) 切入单一属性定位法。切入单一属性定位法就是只选择一个很小的细分市场，只服务于某类细分的人群，然后用心去研究这类人群的个性化特点，全方位地去满足他们。最典型的例子就是专做大码女装的店铺，这种店铺的顾客黏性大，老顾客回购率、满意度都非常高。

2. 网店产品定位的基本类型

根据网店产品定位的方法，可以把网店产品定位分为以下几个类型。

(1) 价格优势定位。价格优势即可以利用自身产品的进货渠道优势，为店铺选择物美价廉的产品，让自己的产品有较高的价格竞争力。例如靠近广州、义乌小商品批发市场的卖家，就具备价格优势的条件，能更方便地为自己的店铺寻找物美价廉的产品。

(2) 品牌优势定位。品牌优势即可以选择销售有一定知名度的品牌产品。例如，可以开设品牌折扣店、品牌代购店等。如图 2-10 所示为某品牌折扣店销售的产品。

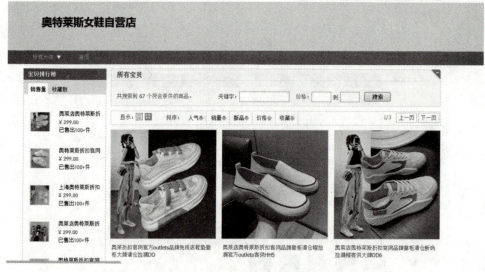

图 2-10　某品牌折扣店销售的产品

(3) 特色产品优势定位。特色产品优势即针对自身所处的地理位置优势，选择本地一些特色产品进行销售。

(4) 消费者优势定位。消费者优势主要针对某一特殊喜好的消费人群。

3. 网店产品定位的误区

网店产品的定位有一些误区。

(1) 无定位。有的卖家根据自己的喜好选择产品，把自己喜欢的东西都拿来卖，店铺类似于杂货店，导致产品形象不清晰，不能给买家一种专业卖家的感觉，也不能在买家心里留下鲜明的印象。作为新手卖家，只有将网店的产品做好定位，突出其不同于一般的产品特色，才能树立与竞争者不同的产品形象。如图 2-11 所示为淘宝店铺的定位原理。

图 2-11　淘宝定位

(2) 定位特色不准确，即卖家所突出的定位特色不具有竞争优势。在产品定位中所强调的定位特色最好是独一无二的，这样才能突出本网店产品的优势，才能吸引顾客购买。

(3) 定位特色不具有促销力。在产品定位中，所强调的定位特色应该是顾客购买产品时较为关注和看重的。但有些卖家在没弄清楚目标顾客购买产品时主要考虑因素的基础上，想当然地确定卖点，结果产品的卖点与顾客的买点不相符，导致网店的定位特色不具有促销力。

四、产品价格定位

产品定价是一项比较困难的工作，价格定得过高会失去很多潜在的客户，价格定得过低则会减少利润，甚至造成收支难以平衡；而且过低的价格还有可能在行业内掀起价格大战，形成恶性的市场竞争。如图 2-12 所示为产品定价的考虑因素。作为淘宝网新手卖家，如何对产品进行合理的定价呢？

成本毛利	竞品参考	客户价值
定价的底线	定价的参考	定价的高线
为何计算毛利	何时要参考竞品	消费者剩余
如何计算毛利	避免定价失误	生产者剩余

易　　　　　　　　　　　　　　　　　　难

图 2-12　产品定价的考虑因素

首先，要保证卖家自己的利润点。定价时要考虑商品的成本、费用和预期利润。作为新手卖家，在对店铺产品进行定价的时候，不能定太高，也不能定太低，定好的价格不要轻易改变。其次，包含运费之后的价格应该略低于市面上同类产品的价格。最后，可以对产品定价采用拉开档次的策略，既有高价位产品，也有低价位产品。有时为了吸引消费者眼球，增加人气，还可以将一两款商品按成本价出售。如果不确定商品的网上定价情况，可以利用淘宝网的价格区间和行业价格分布来确定自己的定价区间，再根据自身产品的成本费用确定最终的价格。

1. 产品定价方法

在为产品定价时，应该遵循成本与价格相匹配的原则。商品的成本加上费用、预期利润等项，就构成了商品的价格，这是产品定价的总原则。只有在考虑产品的生产成本、机会成本、销售成本、储运成本等基本定价因素的基础上，结合网店经营的多种因素，运用合适的产品定价方法，才能制定出合理的产品价格。产品的定价方法主要有以下几种。

1) 产品组合定价法

产品组合定价法是把网店里相互关联的产品组合起来进行定价的方法。组合中的产品往往属于同一个商品大类，如女装有上衣、裤子、连衣裙、套装等几个品类，可以把这些商品品类组合在一起定价。这些商品品类的成本差异，以及客户对这些产品的不同评价，再加上竞争者的产品价格等一系列因素，决定了这些产品的组合定价。因此，产品组合定价可以采用以下定价方式。

(1) 连带产品定价策略。如图 2-13 所示，淘宝"顺手买一件"属于连带产品销售。针对这类产品定价时，有意识地降低了连带产品中购买次数少、顾客对降价比较敏感的产品价格，如笔记本电脑的价格；提高连带产品中消耗较大、需要多次重复购买、顾客对价格提高反应不太敏感的产品价格，如与笔记本电脑配套使用的无线鼠标的价格。

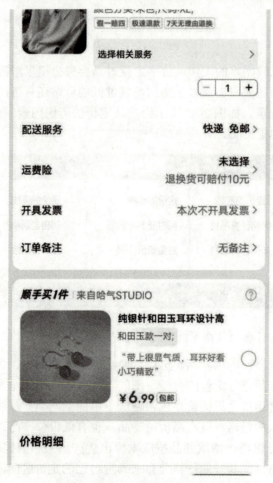

图 2-13 "顺手买一件"连带产品销售

(2) 系列产品定价策略。对于既可以单个购买又能配套购买的系列产品，适宜实行成套购买价格优惠的定价策略。由于成套销售可以节省流通费用，而减价优惠可以扩大销售，这样，流通速度和资金周转速度就能大大加快，有利于提高店铺的经济效益。

2) 薄利多销定价法

网上顾客一般会在多个购物网站对比同样产品的价格，价格是影响顾客下单的重要因素之一。那么，如何制定出既有利可图又有竞争力的价格？薄利多销定价策略是一个不错的选择。对于一些社会需求量大、资源有保证的商品，适合采用薄利多销的定价方法。这时要有意识地压低单位利润水平，以相对低廉的价格，扩大和提高市场占有率，争取实现长时间盈利的目标。

3) 折扣定价法

折扣定价法在产品定价中经常使用，分为数量折扣定价和心理性折扣定价两种。数量折扣是指对购买产品数量达到一定数额的顾客给予折扣，购买的数量越大，折扣也就越多。采用数量折扣定价可以降低产品的单位成本，加速资金周转。数量折扣有累计数量折扣和一次性数量折扣两种形式。累计数量折扣是指一定时期内购买的累计总额达到一定数量时，按总量给予一定的折扣，比如常说的会员价格；一次性数量折扣是按一次购买数量的多少而给予的折扣。如图 2-14 所示为某产品分层折扣广告。如图 2-15 所示为某产品半折广告。

图 2-14　某产品分层折扣广告

图 2-15　某产品半折广告

当某类商品的相关信息不被顾客所了解，商品市场接受程度较低，或者商品库存增加、销路又不太好的时候，可以采用心理性折扣定价策略。因为消费者都有喜欢折扣价、优惠价和处理价的心理，只要采取降价的促销手段，这些商品就有可能在众多的商品中脱颖而出，吸引消费者的眼球，大大增加成交的机会。

2. 影响产品定价的因素

通过价格区间及对行业价格分布的分析，选定了合适的价格区间之后，就要针对具体的产品给出合理的价格。如图 2-16 所示为小米定价模型。合理的定价还应考虑以下几个因素。

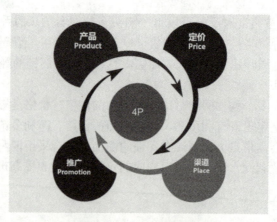

图 2-16　小米定价模型

(1) 产品成本。产品成本是指进货成本或者生产成本。

(2) 运费成本。如果产品包邮，在设置价格的时候就需要加上运费。

(3) 促销成本。店铺促销活动也会增加成本，例如赠品的成本，满减的金额以及包邮带来的运费成本等。

(4) 推广成本。很多人都没有考虑这一点。如今的淘宝网，想不做推广就能运营好店铺很难，当然需要考虑推广的成本和利润空间。

(5) 仓储成本。自有生产或是库存积压的产品都需要考虑仓储成本，代发则没有。实际定价过程中需要全面考虑。

(6) 人工成本。在实际运营过程中，会因为各种原因支付一部分人工费用，从而产生人工成本。

(7) 服务成本。服务成本是指购买服务产品或者软件的成本等，虽然花费不是很多，但也需要计算在内。

(8) 不可控成本。在实际情况中，可能会产生额外的成本，如处理产品质量问题、处理顾客的反馈意见、安抚顾客等额外开支的费用。对于这些不可控的成本要作预估，并留有一定空间。

五、产品人群定位

网店产品价格定位之后，面临的最大问题就是把产品卖给"谁"，也就是确定目标客户群体的问题。市场广大，消费者众多，因此确定目标客户群体的时候，首先要针对所有的客户进行初步判别和确认，可以从人群身份、年龄、消费水平等方面进行分析。

1. 人群身份

每个进店浏览的人都有一个特定的身份，如学生、白领、上班族、企业家等，这些身份标签的背后都有对应的年龄段。

2. 人群年龄

对于人群的年龄，淘宝网进行了年龄阶段的划分。淘宝网年龄阶段划分标准为：18～24岁，小年轻；25～29岁，青年；30～34岁，青壮年；35～39岁，中青年；40～49岁，中年；大于 50 岁，中老年。不同的人群身份对应不同的年龄阶段，不同的年龄阶段对应不同的消费水平。如图 2-17 所示为淘宝情人节年龄段分析。

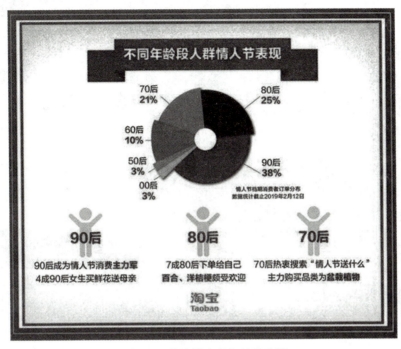

图 2-17　淘宝情人节年龄段分析

3. 人群消费水平

人群中，不同年龄人的消费水平不一样，所需要的产品也就不一样，每个进店消费人群都有自己的心理消费价位。因此，运营前期不要设置差距太大的价格区间，以免客户流失。例如，一个店铺有 10 个商品，定位的人群年龄是 25～29 岁，如果定价有几十元的、100 多元的、200 多元的、300 多元的……这样的价格定位就容易导致客户流失。

▶▶ 🛒 第二节　网店货源

对于新手卖家来说，货源是网店生存的关键，因此，货源的寻找十分重要。那么，如何快、准、狠地找到货源呢？

一、网店货源渠道

作为新手卖家，可以通过以下渠道选择货源。
(1) 线上渠道：天猫供销平台、阿里巴巴批发网。
(2) 线下渠道：生产厂家、产业带/批发市场、个体户/农户。
(3) 自身渠道：自制手工品。

新手卖家可以根据自己网店的定位及所处的位置选择合适的进货渠道，建议以线上和线下渠道相结合的方式作为店铺的进货渠道。如图 2-18 所示为 1688 货源平台。

图 2-18　1688 货源平台

二、网店货源的选择方法

选择了进货渠道之后，怎样找到适合自己的进货商家呢？有什么标准？以线上进货渠道为例，可以通过正向选择和反向选择两种方法，对进货商家进行选择。

1. 正向选择

正向选择，即首先在阿里巴巴上寻找和选择商家，然后确定该产品是否好卖。

1) 寻找商家

寻找商家，可以通过以下方法：关键词查找、类目查找、源头好货 (产业带所在的源头)、甄选好货 (经过各方面质检，产品质量有保障，但是种类比较少)、新品快定 (面向设计师集群和有格调的商家)。

2) 选择商家

选择商家可以通过下列方法：

(1) 看商家实际店铺首页是否有金牛标签。

(2) 看发货速度、旺旺响应速度、货描相符、诚信通年份是否高于行业的平均水平。

(3) 看售后保障信息是否齐全 (保证金、质量保证、发货保障和换货保障)。

(4) 看整个店铺风格是否与产品定位一致。

3) 评价选款

确定所选商家之后，评价选款。

在阿里巴巴商家的店铺找到一款产品，保存该产品的图片。进入淘宝网首页，在搜索栏中单击"相机"图标；上传刚刚保存的商品图片，搜索外观相似的商品；通过对比，看淘宝网店铺里面的商品跟阿里巴巴店铺的商品是不是一样——主要对比价格、主图详情，考虑与其合作有没有优势。最后拍下一件样品，判断这款商品的质量。

2. 反向选择

反向选择，即在淘宝网上寻找已经被验证为畅销的产品，然后找到其进货渠道。反向选择的步骤见下。

1) 寻找新款

进入淘宝网首页，输入关键字，勾选新品，按销量排序，搜索结果；找到近期新品上架卖得好的商品，单击打开详情页面。如图 2-19 所示为淘宝网搜索"女鞋"，跳出若干商品。

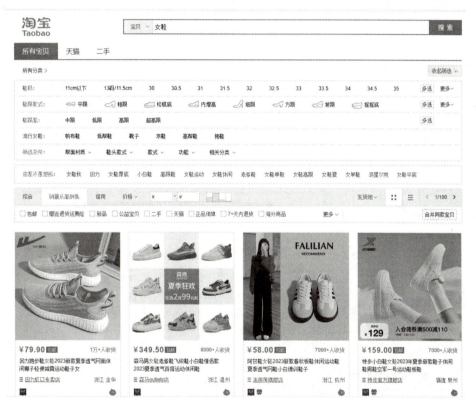

图 2-19　淘宝网搜索"女鞋"

2) 评价产品

观察热卖商品的月销量、收藏量及累计评价。若收藏人气与月销量的比值在 5～10，说明是真实交易，商品好卖，是潜力款。此外，评价数量与月销量的差距越大越好。还可以找同款，同种商品的卖家数量不能太多，不同价位都要有销量。

3) 找热销款货源

在 360 浏览器的扩展中心安装插件。安装插件后，登录卖家账号，找到相应产品，进入网页。浏览产品的进货渠道，选出合适的进货商家，即可完成该商品的进货。

4) 货源选择注意事项

在网店货源的找寻过程中，要注意以下方面。

线下选择距离近的货源，可以很好地把控品质和供应链；一手货源更有价格优势，更容易直接了解产品；线下的货源便于做商品策划，打造差异化的产品；选择大于努力，建议多选、多比较，不要太草率。

▶▶ 🛒 第三节 网店开设

随着网络技术的发展，网店作为一种创业模式已经逐渐发展起来，其优势明显、前景广阔，更是众多无本创业者的绝佳机会。下面介绍一些网上开店的基本知识。

一、网店开设的特点

网上开店是在互联网时代下诞生的新销售方式，具体来说就是卖家在互联网上注册一个虚拟网上商店并出售商品。例如，淘宝、京东等许多大型专业网站都提供网上开店的服务。我们目前看到的网上商店基本都是这种形式。如图 2-20 所示为天猫上开设的网上店铺。

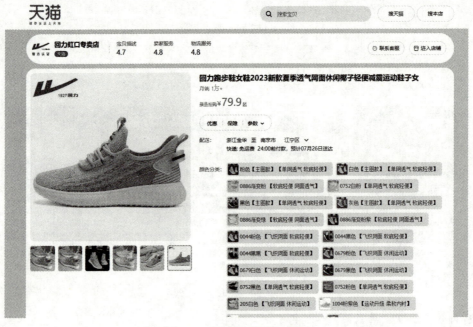

图 2-20　天猫上的网上店铺

卖家将待售商品的信息以图片和文字的形式发布到网页上；对商品感兴趣的买家通过网上支付的方式向卖家付款；卖家通过邮寄、快递等方式将商品实物发送给买家。相比传统的商业模式，网上开店投入不大、经营方式灵活，可以为卖家提供不错的利润空间。现在越来越多的人开始选择网店方式进行经营。

二、网店开设的前景

网上购物的交易双方无须直接接触，买家只要轻点鼠标，便可下单购物，不需要多长时间便可收到现货。目前，这种简单方便的网上购物方式正成为越来越多人的选择。无论国内还是国外，网上购物都已经进入了快速成长期，网上购物的基础已经十分坚固，这也给许多想过一把生意瘾的人提供了机会。如图 2-21 所示为天猫旗舰店入驻流程。

图 2-21　天猫旗舰店入驻流程

随着网民购物习惯的日益养成，网上购物相关规范的逐步建立及网上购物环境的日渐改善，我国网上购物市场正逐渐进入成熟期。同时，随着传统企业大规模进入电子商务行业，我国西部省份及中东部三四线城市的网上购物潜力也将得到进一步开发；加上移动互联网的发展促使在移动端购物日益便捷，我国网上购物市场整体还将保持相对较快增长。

三、网店开设的方式

网上开店选择什么样的方式，与卖家的投资成本有关，同时也会对销售结果产生一定影响。卖家要对各种网上开店方式进行性价比的分析与比较，这样才会选择出适合自己的平台。

1. 自助式开店

自助式开店是指在专业的大型网站上注册会员，开设个人的网店。例如，易趣、淘宝等大型网站都向个人提供网上开店服务。只要支付少量的费用，就可以拥有个人的网店。

自助式开店相当于店主在线下到大型商场里租用一个店铺或柜台，借助大商场的影响和人气做生意。目前，大多数网上开店都是采用这种方式。这种方式可利用平台对应的自助开店平台来开店。

2. 建设独立的网上商店

建设独立的网上商店是指卖家根据自己经营的商品情况，自行或委托他人设计一个网站。独立的网上商店通常都有一个顶级域名作网址，完全依靠卖家通过线上或线下的宣传，吸引买家进入自己的网站，完成最终的销售。

完全个性化的网上商店实际就是建立了一个新网站，包括域名注册、空间租用、网页设计、程序开发、网站推广等。因为是完全独立开发，网店的风格更个性，内容完全可以按照卖家的思路来进行设计，而不必像大型网站里提供的网店，要受限于具体的模块。而且网店商品的上传与经营完全由卖家自己安排，只需支付网站设计与推广的费用，不需要支付网上交易费、商品登录费等费用。当然，独立网店只有通过其他各种网站推广方式，才可以取得买家的关注，实现最终的商品交易。这类网店由于需要独立证明卖家自己的信用，往往无法立即取得买家的信任。

3. 自己建网站和自助式开店相结合的方式

卖家可以将上述两种方式结合起来，既在大型网站上开设网店，又建设独立的销售网站。这种方式将两者的优点集合，不足之处是投入会相对较高。

▶▶🛒 第四节　常见的网店开设平台

网上开店平台的选择非常重要，卖家在选择平台时往往存在一定的决策风险。尤其初次在网上开店，由于经验不足及对网店平台了解较少等原因而带有很大的盲目性。在人气高的平台上注册建立网店是目前国内较常用的开店方式，目前常见的网上开店平台有淘宝、京东、微店等。

一、淘宝网

淘宝网号称"没有淘不到的宝贝，没有卖不出的宝贝"。如图 2-22 所示为淘宝网主页。淘宝网是全球最大的网络零售商圈。自 2003 年成立以来，淘宝网基于诚信为本的准则，从零做起，短短的半年时间迅速占领占领了国内个人交易市场的领先位置，创造了互联网企业的发展奇迹，真正成为网上交易的最佳网络创业平台。淘宝网致力于推动"货真价实、物美价廉、按需定制"的网上商品的普及，帮助更多的买家享用海量且丰富的网上商品，获得更高的生活品质；通过提供网络销售平台等基础性服务，帮助更多的企业开拓市场、建立品牌，实现产业升级；帮助更多胸怀梦想的人通过网络实现创业就业。

图 2-22　淘宝网主页

二、京东

　　京东是我国最大的自营式电商企业，在线销售计算机、手机及其他数码产品、家电、汽车配件、服装与鞋类、奢侈品、家居与家庭用品等 13 大类商品。京东商城迅猛的发展速度吸引来不少卖家在京东商城上面开店。

　　京东为买家提供愉悦的在线购物体验。通过内容丰富、人性化的网站和移动客户端，京东以富有竞争力的价格，提供具有丰富品类及卓越品质的商品和服务，以快速可靠的方式送达买家，并且提供灵活多样的支付方式。另外，京东还为第三方卖家提供物流等一系列增值服务，吸引了众多卖家在京东商城开店。图 2-23 所示为京东商城主页。

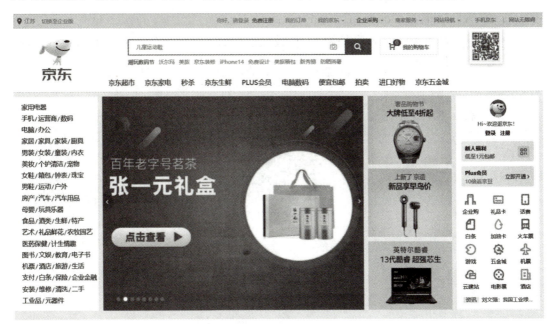

图 2-23　京东商城主页

三、微店

　　微店是继京东、淘宝之后的又一个先进的电子商务平台，它能把卖家的网店架设到微信公众平台上，让卖家在微信上也有一个属于自己的网店。

　　目前微店对卖家开店的门槛要求极低，卖家只需通过手机号、身份证号、银行卡号等信息验证即可注册店铺。店铺注册成功后，卖家可以自由添加商品，分享店铺或商品，通过微信收款，管理订单，进行促销。

 **本章回顾**

　　本章主要介绍网店的定位、网店货源渠道的选择方法、网店开设的相关知识以及常见的网店开设平台。

思考练习

一、简答题

1. 什么是网店定位？

2. 产品人群定位是什么？

3. 网店货源渠道的选择方法有哪些？

4. 网店开设的软件条件有哪些？

5. 网店开设的方式有哪些？

二、案例分析

淘宝网是全球最大的网络零售商圈。假设你想在淘宝网上开设一家店铺，请结合本章学习内容，谈谈你的规划。

参考答案

第三章　网店设计装修

学习目标

1. 了解网店设计装修的目的。
2. 理解网店设计装修的具体内容。
3. 掌握网店设计与装修的方法。

思政目标

1. 研究店铺装修中的美观性，提升审美能力。
2. 发现身边优秀的店铺装修，锻炼观察事物的能力。

知识结构图

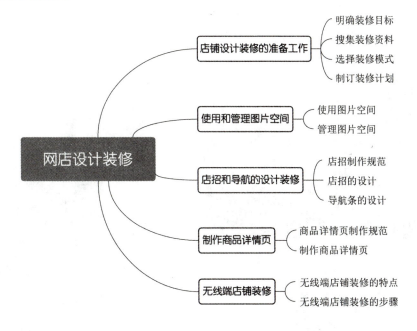

案例导入

小张一直想要开一家自己的网店，但是他对店铺装修一窍不通。于是他在装修市场上买了一个旺铺的模板，但由于模板存在缺陷，虽费了九牛二虎之力，还是无法创建商品详情页。后来他在论坛上看到很多新手卖家都自己动手做店铺装修，用免费的模板，自己调整模块。于是他抱着"只要有心，就有可能"的态度，开始认真钻研。这次他花了更多的时间和精力，终于把小店装修好开张了。虽然商品图片还没全部上传，但是已经有客户来咨询了。他深知小店刚起步不容易，想要做好更难，以后还有更多的知识需要学习。

思考题

1. 店铺为什么要做装修设计？
2. 店铺装修设计需要做哪些工作？

第一节　店铺设计装修的准备工作

在开始店铺装修之前，需要做好一些规划和准备工作，以确保店铺装修能够顺利进行，并达到预期的效果。店铺装修的准备工作主要涉及以下几个方面。

一、明确装修目标

卖家应根据自己的店铺类别、产品特征、目标客户、竞争对手等因素，确定自己的装修目标，比如要体现什么风格，要传递什么信息，要实现什么效果等。明确网店装修目标有助于制订合适的装修方案，提升网店的吸引力和转化率。如图 3-1 所示为淘宝某男装店，图 3-2 所示为淘宝某女装店。

图 3-1　淘宝某男装店装修风格　　　　　图 3-2　淘宝某女装店装修风格

二、搜集装修资料

在进行网店装修之前，最好能搜集一些与自己网店风格、色彩、内容等相关的图片、图标、字体、背景等素材，以便于在装修过程中使用。采用装修素材有助于提高网店的美观度和专业度，增加用户的信任感和购买意愿。搜集装修素材的方法有以下几种。

1. 利用搜索引擎

可以通过输入关键词，比如"网店装修素材""网店装修图片""网店装修图标"等，搜索相关的网站或平台，从中选择合适的素材下载或收藏，如图3-3所示。搜索引擎可以提供大量的素材资源，但是要注意素材质量和版权问题。

图 3-3　从搜索引擎网站搜索素材

2. 利用专业网站

如图3-4所示，可以通过访问一些专门提供网店装修素材的网站或平台，比如"拓者设计吧""达人室内设计网""室内设计联盟"等，从中选择适合自己网店风格和需求的素材下载或购买。专业网站可以提供高质量和原创的素材资源，但是要注意价格和授权问题。

图 3-4　从装修网站搜索素材

3. 利用创意平台

可以通过浏览一些展示优秀设计作品的平台或社区，比如"Pinterest""花瓣""知末"等，从中获取灵感和参考，或者直接使用一些免费或付费的模型、贴图、效果图等素材。创意平台可以提供多样化、前沿的素材资源，但是要注意风格和个性问题。

三、选择装修模式

网店在进行店铺设计时，应采用特定的风格或模板，以提高网店的美观度和专业度，增加用户的信任感和购买意愿。网店装修模式有以下几种类型。

1. 简约模式

简约模式的特点是以简单、清爽、明快为主，避免过多的图片和动画，突出商品的展示。如图 3-5 所示为简约模式。

2. 时尚模式

时尚模式的特点是以流行、个性为主，运用多样的色彩和创意的元素，营造出一种时尚的氛围。时尚模式适合一些注重潮流和风格的网店，比如美妆、饰品、玩具等。

3. 温馨模式

温馨模式的特点是以温暖、舒适、亲切为主，运用柔和的色调和细腻的质感，营造出一种温馨的感觉。温馨模式适合一些注重情感和体验的网店，比如母婴、家居、礼品等。如图 3-6 所示为温馨模式。

4. 专业模式

专业模式的特点是以专业、权威、信誉为主，运用规范的布局和严谨的内容，展现出专业的形象。专业模式适合一些注重知识和服务的网店，比如教育、医疗、咨询等。

图 3-5　简约模式　　　　　　　　　　图 3-6　温馨模式

四、制订装修计划

根据自己的装修目标和模式，制订一个详细的装修计划，包括装修的时间、步骤、预算、人员分工等，以便能够有条不紊地进行店铺装修，并及时检查和调整。制订网店装修计划还需要考虑以下几个方面。

1. 页面改版

根据店铺的主题和风格，设计首页、详情页、商品关联、促销图等页面元素，突出商品的卖点和优惠信息，提高用户的浏览时长和转化率。如图 3-7 所示为促销页面，图 3-8 所示为产品关联页面。

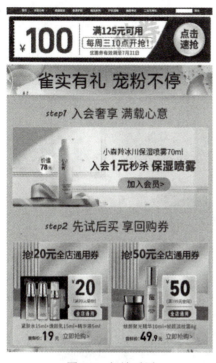

图 3-7　促销页面

图 3-8　商品关联页面

2. 店铺流量提升

参考数据魔方和搜索框的流量组合词，优化商品标题；模仿销量前列产品的热门组合词汇，设置搜索条下拉词，提高商品的搜索排名。如图 3-9 所示为搜索条下拉词。

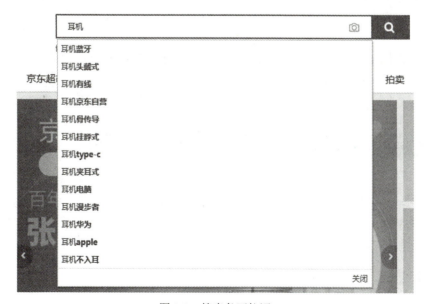

图 3-9　搜索条下拉词

3. 商品图片和描述

选择高品质的图片，展示商品的细节和特色，增加用户的购买欲望；编写有吸引力的商品描述，突出商品的优势和价值。如图 3-10 所示为商品细节展示。

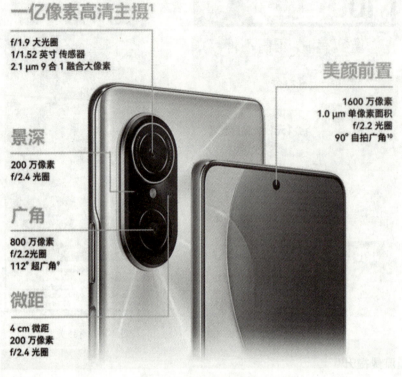

图 3-10　商品细节展示

4. 网站 SEO 方案

网站 SEO 方案（搜索引擎优化方案）是一种旨在提高网站在搜索引擎中自然排名的技术和过程。

网站 SEO 的主要目的是通过增加特定关键字的曝光率来提高网站的能见度，进而增加销售机会或提升品牌知名度。

 **第二节　使用和管理图片空间**

店铺图片空间是用来存储和管理店铺装修所用的图片的地方。用户可以在店铺图片空间里上传店铺 logo、banner、背景等图片，也可以选择淘宝提供的模板图片。还可以在店铺图片空间里获取图片链接，然后在店铺装修工具里使用这些链接来美化店铺。

一、使用图片空间

在运营网店时，需要展示商品的图片，而这些图片需要存储在一个可靠的服务器上，并通过链接在网店中展示。网店图片空间就是存储和管理网店商品图片的在线空间。

1. 使用图片空间的方法

(1) 进入图片空间。

可以通过千牛卖家中心、浏览器搜索栏或淘宝网页等进入图片空间。从千牛卖家中心进入图片空间的具体操作步骤为：登录千牛工作台，在左侧的列表框中点击"商品"选项，在出现的对话框中点击"图片空间"，如图 3-11 所示。

图 3-11　图片空间

(2) 上传图片。

新建文件夹，给文件夹命名，以方便日后查找，如图 3-12 所示。双击文件夹，在素材中心里点击"上传"按钮，选择要上传的图片，或者直接拖拽图片到上传区域，即可上传图片。也可以在店铺的图片空间里选择淘宝提供的模板图片上传。

图 3-12　新建存放图片的文件夹

(3) 管理图片。

用户可以在素材中心里对图片进行编辑、复制、移动、删除等操作，也可以创建不同的文件夹来分类管理图片。

(4) 获取图片链接。

用户可以在素材中心里对图片进行勾选，然后点击链接按钮，选择需要的链接类型和格式，然后复制链接到剪贴板。

(5) 使用图片链接。

可以在店铺装修工具里粘贴图片链接来美化店铺，也可以在其他地方，如商品描述、商品属性等处使用图片链接。

(6) 图片替换。

用户可以选择需要替换的图片，然后上传新的图片，系统会自动替换原来的图片，并保留原来的链接和设置。

2. 图片的管理

图片的管理是指对企业或个人所拥有的图片资源进行组织、分类、存储和检索的过程。有效的图片管理可以提高工作效率、保护图片资源的安全性，并方便快速地找到需要的图片。

(1) 图片大小。

店铺图片空间中的单张图片大小不能超过 5 MB，否则上传会失败。建议在上传前对图片进行压缩，以减少占用空间和提高加载速度。

(2) 图片格式。

店铺图片空间支持的图片格式有 jpg、jpeg、png、gif、bmp 等，不支持 svg、webp 等格式。建议使用 png 或 gif 格式，以保留图片的透明度和动态效果。

(3) 图片数量。

店铺图片空间的免费容量是 1 GB，如果超过了这个容量，需要购买更多的空间。建议定期清理无用的图片，以节省空间和方便管理。

(4) 图片安全。

店铺图片空间的图片是公开的，任何人都可以通过链接访问图片。建议不要上传包含个人信息、敏感信息或侵权信息的图片，以免造成麻烦。

二、管理图片空间

管理图片空间是指对存储图片的物理空间进行组织、规划和管理的过程。无论是在本地设备上还是云存储服务中，有效管理图片空间可以提高存储效率，方便图片的使用和管理。

1. 图片分类

进入图片空间，用户可以点击"新建文件夹"，给店铺设置图片分类文件夹，然后根据类别将图片上传到对应文件夹。这些图片都是店铺中商品的主图以及详情图片、装修图片等，如图 3-13 所示。

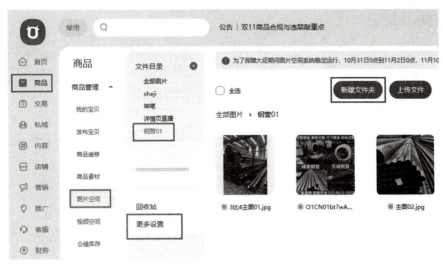

图 3-13 图片分类

2. 更多设置

1) 水印设置

用户可以对图片进行水印设置，可选择水印类型，如文字水印、图片水印、淘宝水印等，也可以设置水印位置、大小、透明度等。

2) 店铺授权管理

店铺授权管理是指企业或品牌授权给第三方经营店铺，并对其进行管理和监控的过程。对于企业来说，授权给第三方店铺经营可以扩大销售渠道，增加品牌曝光度，降低运营成本，并提高销售业绩和市场竞争力。然而，企业也需要密切监控和管理被授权店铺，确保其按照企业的要求运营，并保护品牌形象和知识产权。

▶▶🛒 第三节 店招和导航的设计装修

店招是一个店铺的门面、招牌，是店铺的头部。店铺的每一个页面都能够看到店招，不管是专题页、商品详情页，还是分类页面等。要对目标消费者传递店铺特性，店招的设计装修是第一要务。如图 3-14 所示为某包店的店招。

图 3-14 包店店招

一、店招制作规范

淘宝店铺的店招是店铺装修的重要内容，做好了能提升店铺的转化率。为提升商业气氛，应加强店招的设计效果，规范店招设计要求，以保证店招的设计符合整体商业定位。那么淘宝店铺店招有什么要求？淘宝店铺店招需要有哪些内容呢？

1. PC 端制作规范

PC 端店招的高度不能超过 120 像素，宽度要求为 950 像素，这样才不会导致店招出现展示异常的情况。

2. 移动端制作规范

移动端店招的宽高比最好是 750∶580，同时图片的大小最好在 400 KB 左右。支持图片的格式有 jpg、png。需要注意的是，店招的移动端是不能添加超链接的。

3. 推广技巧

最好在店招里加入店铺的 logo、店铺正在进行的活动优惠券、商品的链接和快捷收藏按钮等。如图 3-15 所示，店招里加入了产品链接和优惠券，这样不仅能帮助卖家引流，而且能更加有效地进行推广。

图 3-15　店招里加入产品链接和优惠券

4. 颜色选择技巧

在进行店招装修的时候最好选择显眼的颜色，这样买家进入店铺以后能很快地找到店招和店铺优惠券，这样店招的作用会更加明显和突出。

二、店招的设计

店招一般需要提前设计和制作，制作完成后保存为 jpg 或 png 格式。设计店招时，需要紧密结合店铺的定位和品牌的形象特征，并将其清楚地体现出来。网店设计的常用软件有 Photoshop 和 Dreamweaver。Photoshop 作为一款常用的图片处理软件，可以用于网店装修设计，帮助店家设计出更加优美的图片。使用 Photoshop 设计一款店铺招牌的过程如下。

（1）新建一个 1920×150 像素的画布，选择"视图"→"新建参考线"，创建一个 120 像素的参考线，如图 3-16 所示。

图 3-16　新建画布

（2）使用"矩形选框"（快捷键：M）在参考线下方绘制一个区域并填充绿色，如图 3-17 所示。

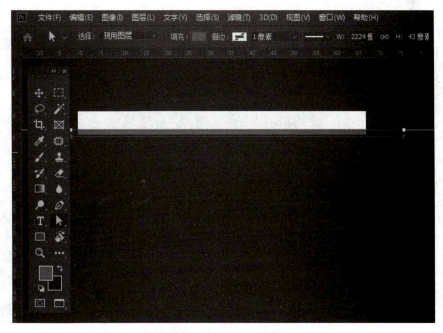

图 3-17　绘制矩形填充颜色

(3) 将 logo 和文案拖入画布中，使用"自由变换"(快捷键：Ctrl + T) 将其调整至合适的位置，如图 3-18 所示。

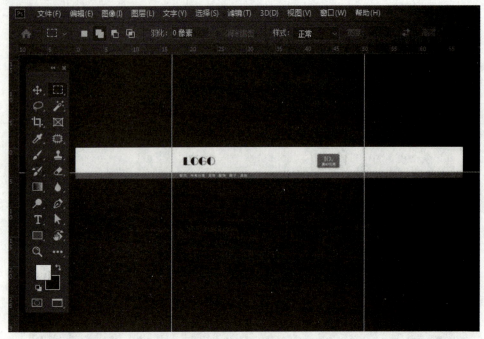

图 3-18　画布中放入 logo

(4) 选择优惠券图层，使用"复制图层"(快捷键：Ctrl + J) 工具复制一层，在图层上方使用"创建图层"新建一个图层，再使用"画笔工具"(快捷键：B) 涂抹出不同的形状，如图 3-19 所示。

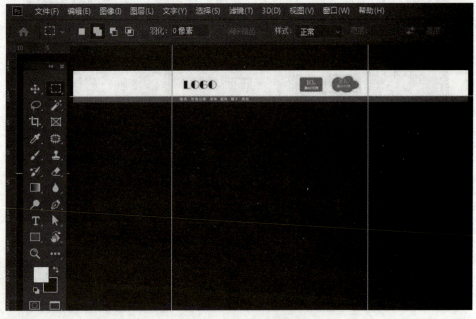

图 3-19　图层上新建图层

（5）使用"画笔工具"（快捷键：B）选择绿色，在画布两侧绘制草地的形状，如图 3-20 所示。

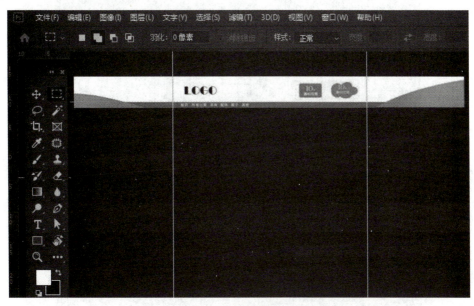

图 3-20　画笔绘制形状

（6）选择"滤镜"→"杂色"→"添加杂色"，设置数量为 2%，在图层下方创建一个新图层，使用"画笔工具"（快捷键：B）选择小草画刷进行绘制，如图 3-21 所示。

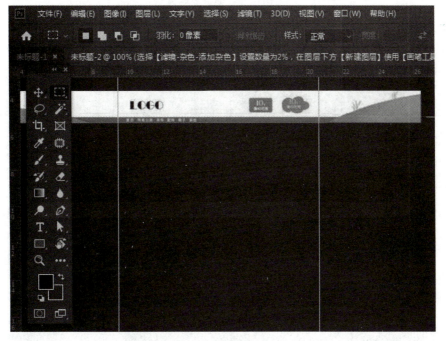

图 3-21　画笔绘制

（7）选择"窗口"→"时间轴"，在下方点击"创建帧动画"，在时间轴 2 中，找到优惠券的十元文案，点击左侧眼睛对图层进行隐藏，如图 3-22 所示。

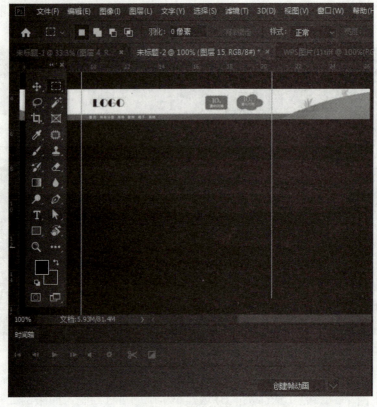

图 3-22　创建帧动画

(8) 选中时间轴 1 和 2，更改秒数为 0.5 s，点击下方"播放"按钮，即可看到一闪一闪的效果，如图 3-23 所示。

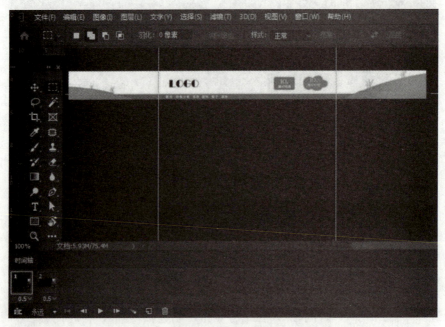

图 3-23　选中时间轴

(9) 将制作好的店招存储为 Web 格式 (快捷键：Ctrl + Shift + Alt + S)，再另存为 gif 格式，循环选项为 "永远"，最后点击 "保存" 即可完成制作，如图 3-24 所示。

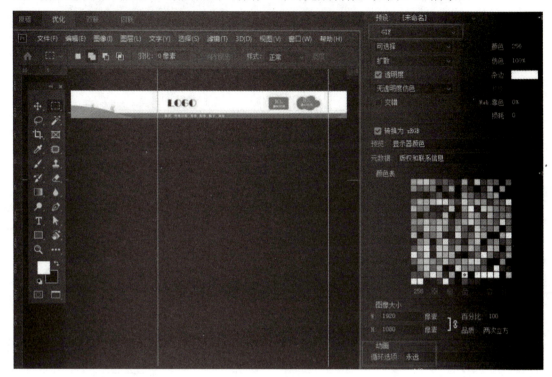

图 3-24　制作完成保存

三、导航条的设计

　　网店导航条是网店装修的一个重要部分，它可以帮助顾客快速找到自己想要的商品或信息，也可以展示店铺的特色和活动。提供一个清晰的导航指引，对提高店铺访问深度和商品转化率都是十分有帮助的。不同的平台有不同的设置方法，这里以淘宝为例，介绍如何设置网店导航条。如图 3-25 所示为某网店的导航条。

图 3-25　导航条

1. 设置要点

(1) 添加商品分类。

(2) 分类管理。

(3) 导航调整顺序或删除。

(4) 隐藏导航条。

2. 设置方法

(1) 打开装修后台界面，选择导航条并打开，点击"添加"按钮，选择"宝贝分类"下面的"管理分类"，如图 3-26 所示。

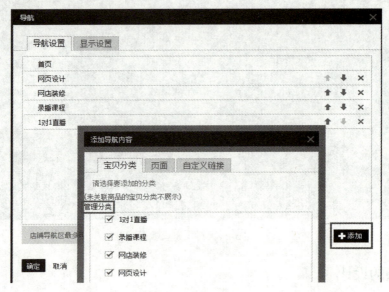

图 3-26   选择导航条

(2) 在导航条上点击"编辑"，再点击"添加手工分类"，添加各分类名称，如图 3-27 所示。添加之后记得一定要保存更改。

图 3-27   添加分类

(3) 编辑完导航条，可以点击如图 3-28(a) 所示的"预览"或者"发布站点"按钮查看效果；最终导航条编辑效果如图 3-28(b) 所示。

(a) 点击预览按钮　　　　　　　　(b) 导航条效果

图 3-28　确定导航条

第四节　制作商品详情页

商品详情页是电商网站中展示商品信息和促进用户购买的重要页面。

一、商品详情页制作规范

商品详情页制作规范是指在设计和制作商品详情页时，需要遵循一定的原则和标准，以保证商品详情页的美观、实用、合法和高效。商品详情页制作规范主要包括以下几个方面。

1. 商品详情页尺寸

不同的电商平台对商品详情页的宽度有不同的要求，一般在 750 px 到 990 px 之间；高度则根据商品的实际情况而定，但不宜过长，一般控制在 10 屏以内。图片的大小也要适当压缩，避免影响页面的加载速度。

2. 商品详情页内容

商品详情页的内容应该包含以下几个部分：商品图片和视频、商品标题和卖点、商品价格和促销、商品评价和问答、商品介绍和详情、商品推荐和关联、购买按钮和收藏按钮等。这些内容应该按照一定的逻辑顺序排列，突出商品的核心优势，回答用户的疑问，消除用户的顾虑，激发用户的购买欲望。如图 3-29 所示为某商品详情页。

3. 商品详情页设计

在设计商品详情页时，应该遵循一定的美学原则，要注意色彩搭配、字体选择、图片质量、布局方式等。同时，应该根据商品的风格和气质，如高冷、文艺、时尚、科技等，选择合适的设计元素。此外，还应该考虑用户的操作体验，提供跟随性导航，有效引导用户操作，明确给出提示和反馈等。

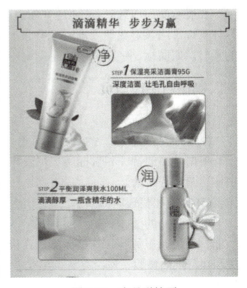

图 3-29　商品详情页

如图 3-30 所示为职业风格服装详情页。

西装式上衣时髦洋气交叉V形西装领穿出时尚大方气质，
不规则的剪裁更好地拉长脖颈线条视觉上显瘦好几斤

图 3-30　职业风格服装详情页

4. 商品详情页合法性

在展示商品信息时，应该遵守相关的法律法规，如《广告法》《消费者权益保护法》等。具体来说，应该避免使用虚假或夸张的描述，如极限词、绝对词等；避免使用侵权或敏感的素材，如商标、字体、图片等；避免使用涉及政治、宗教等的不良信息。

二、制作商品详情页

制作商品详情页的步骤如下。

(1) 确定商品详情页的目标和风格。

根据商品的特性和目标用户，确定商品详情页要传达的信息和氛围，选择合适的色彩、字体、图片等元素。

(2) 收集和整理商品信息。

收集商品的基本信息，如名称、品牌、规格、价格等；收集商品的卖点和优势，如功能、效果、服务等；收集商品的评价和问答，如用户反馈、常见问题等；收集商品的介绍和详情，如参数、使用方法、注意事项等；收集商品的推荐和关联，如相关或相似商品、搭配商品等。

(3) 设计商品详情页的布局和结构。

根据商品信息的重要性和逻辑关系，设计商品详情页的内容排列顺序和方式。如图 3-31 所示为常见的布局方式。同时，要考虑商品详情页的导航和操作功能，如提供跟随性导航、购买按钮、收藏按钮等。

▲ 上下布局　　　　　　▲ 左右布局　　　　　　▲ 自由布局

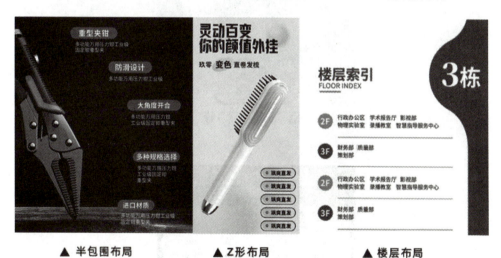

▲ 半包围布局　　　　　▲ Z形布局　　　　　　▲ 楼层布局

图 3-31 商品详情页的布局方式

(4) 制作商品详情页的图片和文案。

根据商品详情页的目标和风格，制作符合尺寸要求和美学原则的图片和文案，突出商品的卖点和优势，回答用户的疑问，消除用户的顾虑，激发用户的购买欲望。同时，注意图片和文案的合法性，避免使用虚假或夸张的描述，避免侵权或敏感的素材，避免涉及政治、宗教等的不良信息。

(5) 测试和优化商品详情页。

在不同的设备和浏览器上测试商品详情页的显示效果和加载速度，检查是否有错误或缺失的内容，是否有不协调或不美观的地方，是否有不便利或不友好的操作。根据测试结果进行相应的修改和优化，提高商品详情页的质量和效果。

▶▶ 🛒 **第五节　无线端店铺装修**

　　无线端店铺装修是指在手机端对店铺的首页和活动页面进行美化和优化，以提升店铺的形象和吸引力，增加用户的停留时间和转化率。如图 3-32 所示为无线端店铺装修效果图。

图 3-32　无线端店铺装修效果图

一、无线端店铺装修的特点

　　(1) 无线端店铺装修的页面长度不能超过规定的模块数量，一般应在 20 个以内，否则会影响页面的加载速度和用户体验。

　　(2) 无线端店铺装修的图片要选择高清、有质感、符合主题的图片，避免使用模糊、失真、不协调的图片。图片的大小也要适当压缩，一般在 500 KB 以内，避免占用过多的手机流量。

　　(3) 无线端店铺装修的文案要简洁、明了、有吸引力，避免使用过长、过多、过于夸张的文案。文案要突出商品的卖点和优势，回答用户的疑问，消除用户的顾虑，激发用户的购买欲望。

(4) 无线端店铺装修要定期更新和优化，根据商品的销售情况和用户的反馈，调整商品的推荐顺序和内容，增加或删除活动页面，提升店铺的形象和吸引力。

二、无线端店铺装修的步骤

(1) 打开"卖家中心"，依次点击"店铺""手机店铺装修""装修页面"，进入手机端装修，如图 3-33 所示。

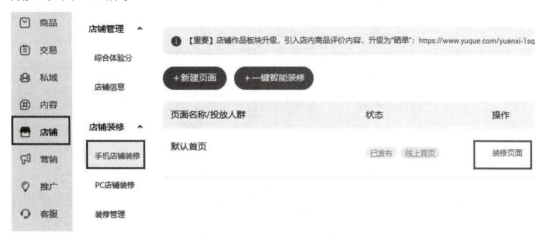

图 3-33 进入店铺装修页面

(2) 删除原来的装修，拖动添加"多热区切图"；回到 Photoshop，使用"参考线"，再使用"切片工具"裁剪图片，如图 3-34 所示。

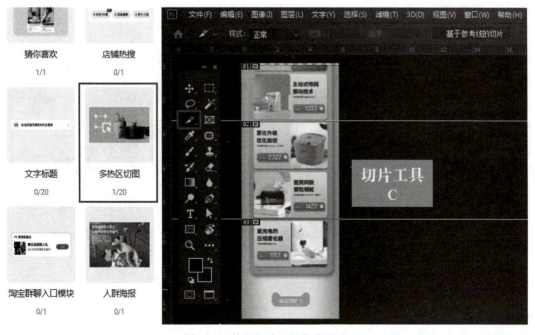

图 3-34 使用切片工具裁剪图片

(3) 按下 "Ctrl + Shift + Alt + S"，将文件存储为 Web 格式，回到 "装修后台"，在多热区切图模板上点击 "上传图片"，如图 3-35 所示。

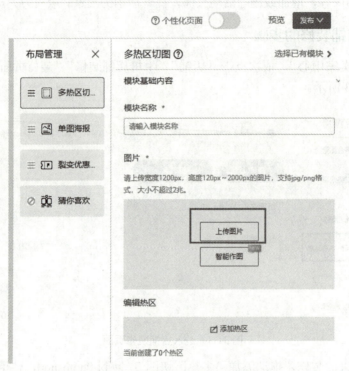

图 3-35　在多热区切图模板上传图片

(4) 在特定的文件夹中，点击 "上传图片"，勾选图片，或调整虚线框的大小，框住图片，如图 3-36 所示。

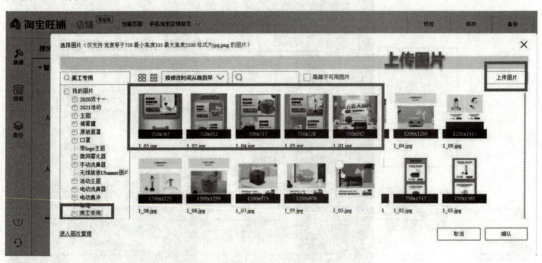

图 3-36　框选图片并上传

(5) 在多热区切图模板上，点击 "添加热区"，调整热区的大小，框住图片，如图 3-37 所示。

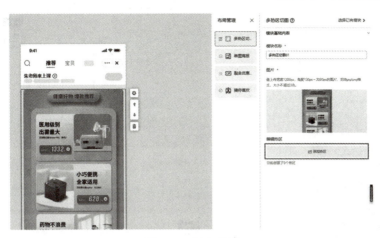

图 3-37 添加热区

(6) 点击"添加链接"，勾选对应的链接，点击"确定"→"完成"，最后点击"保存"，如图 3-38 所示。

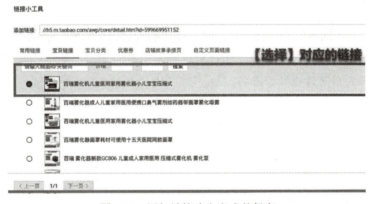

图 3-38 添加链接确定完成并保存

(7) 点击"添加热区"，调整热区的大小，勾选对应的链接，再框选另外一个产品区域，勾选对应的链接，如图 3-39 所示。

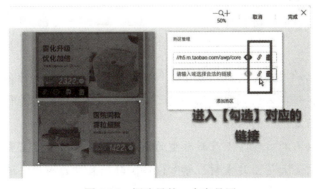

图 3-39 框选另外一个产品区

(8) 用同样的方法给其他的产品添加热点。点击"发布"，可以选择"立即发布"或"定时发布"，确定发布时间，点击"确认发布"，如图 3-40 所示。

图 3-40　发布

本章回顾

本章主要介绍了网店装修设计工作，包括使用和管理图片空间，店铺招牌、导航条、商品详情页的设计及无线端店铺装修。通过对这些知识点的学习，新手能完成一个新店铺的装修设计工作，为正常营业做好准备。

思考练习

一、简答题

1. 网店在装修前需要做哪些准备工作？

2. 上传到图片空间的图片格式有哪些？

3. 设计店铺招牌有哪些规范？

4. 如何设计出一款合格的商品详情页？

5. 无线端店铺装修的步骤是什么？

二、案例分析

小王开设了自己的网店专卖新款鞋帽，但他发现网店页面没有什么特色，和其他网店有很多类似的地方，难以吸引顾客。他咨询了前辈，才知道还需要进行店铺装修才能推出有个性、有特色的与众不同的网店。

小王研究了年轻人的心理特点及对鞋帽的需求，拍摄了门店里主要商品的照片，并搜索了大量图片素材，精心设计了时尚大方的网店。过了一段时间，小王的网店生意果然好转。

你会装修网店吗？请你为小王的网店设计出一种潮流时尚的网店风格。

参考答案

第四章　网店推广

学习目标

1. 了解网店推广的新趋势、新技术。
2. 理解搜索引擎优化，掌握挖掘关键词的方法。
3. 理解搜索引擎推广。

思政目标

1. 通过学习如何优化搜索引擎以增加访客流量，从而锻炼学生理性思维。
2. 学习 SEM 各种搜索广告系统和推广预算设置，提高解决问题的能力，提升服务意识。

知识结构图

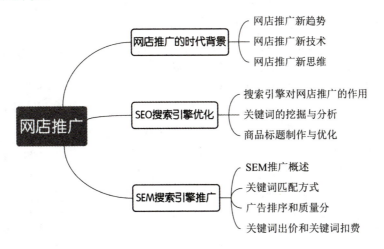

案例导入

作为专门经营大码女装的淘宝新手，我需要学习太多的网店内容。产品上架、店铺装修这些内容，自己琢磨琢磨，基本也能做好；但是大的问题来了，怎么推广自己的店铺？

怎么增加流量从而产生更多的订单？

为此我做了很多研究，先从搜索引擎优化开始入手，将"宽松大码女装"作为商品关键词，也绞尽脑汁地制作更贴切商品的标题，如"新款纯棉正肩夏季上衣"，再借助搜索引擎营销，适当地进行付费推广。

网店经过这样的推广，生意好了不少，我非常开心。

思考题

1. 网店推广有哪些趋势？
2. 怎样进行搜索引擎优化？

▶▶🛒 第一节　网店推广的时代背景

网店推广指通过各种手段和方法，让更多的人了解并认识网店，提高网店在搜索引擎中的曝光度和排名，让店铺拥有更多的流量，让更多的客户看到进而购买商品。

要做好网店推广需要了解新趋势、掌握新技术和运用新思维。

一、网店推广新趋势

在了解网店推广新趋势之前，有必要了解一下流量红利。在电子商务发展初期，很多依托电子商务成长的品牌，充分享受了早期的流量红利，从而获得了爆发式的增长。

1. 电子商务流量红利的三个特点

(1) 人口流量红利。电子商务发展的早期人口流量很多。当时做电子商务就那么几家，所有的电商消费者都涌向那几个入口，导致人口流量红利很多。随着电商平台与网店数量激增，消费者有了更多的选择，人口流量红利随之减少。

(2) 平台流量红利。微商是一种利用移动互联网技术进行商品销售的商业活动。微商最早起源于微信朋友圈卖货，如图 4-1 所示为微信朋友圈推销保险产品；但现在已经不仅限于微信，而是全部社交平台加电商的合体。以前做微商都是通过微信操作，随着移动互联网的快速发展，出现了一系列短视频和直播平台，将会有更大的流量推动微商的发展。

(3) 站内搜索红利。网店商品的订单在商品出库后，平台迅速做出统计，大部分商品将在三天左右体现在搜索权重结果中。商家使用平台搜索工具引流、成交，将获得更多的搜索曝光机会。

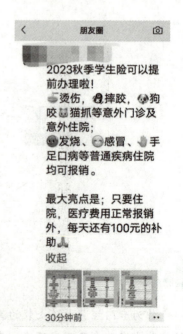

图 4-1　微信朋友圈推销保险产品

2. 网店推广的发展趋势

伴随电子商务流量红利消失殆尽，网店推广有哪些新趋势呢？

(1) 场景化全渠道推广，增加消费体验。店家将整合传统媒体和新媒体资源，线上或线下全方位构建场景，引领消费者进入，全渠道挖掘流量。

(2) 私域流量创造粉丝社群经济。通过私域流量池生产原生化的内容，提高用户黏性，从而创造粉丝经济。公域流量平台如百度、淘宝、京东，这样的流量都是要花钱买的，而私域流量池相对更封闭。私域流量池可以解决进来的流量怎么留住的问题，降低获客成本，提升用户终身价值，提高新用户转化率以及客单价。

(3) 效果导向，打造极致品牌。企业在营销活动中要做到品效合一，也就是实现品牌和实际效果的双增长。

二、网店推广新技术

(1) 搜索引擎优化 (Search Engine Optimization，SEO)，是通过学习利用搜索引擎的搜索规则，从而提高网店在相关搜索引擎内的排名的方式。如图 4-2 所示是各家搜索引擎一览表。

图 4-2 各家搜索引擎一览表

SEO 建立在用户搜索体验的基础上，通过提高网页级别，建立合理的网站链接结构和目录结构，丰富网站内容及表达形式，使网站自身设计符合搜索引擎规则，在搜索引擎上获得较高的排序权重。

(2) 搜索引擎营销 (Search Engine Marketing，SEM)，是基于搜索引擎平台的网络营销，利用用户检索信息的机会，尽可能将信息传递给目标用户。搜索引擎营销的基本思想是让用户发现信息，并通过点击进入网页，进一步了解所需要的信息，让用户直接与网店客服交流，实现交易。

三、网店推广新思维

(1) 提升人气销量。持续不断的推广，保持店铺和商品的高曝光率，能够吸引更多的人关注店铺商品，从而挖掘更多的潜在客户。店铺的高人气会吸引消费者的关注，加深消费者的印象，使消费者产生从众心理，加快下单，从而增加商品的成交量以及成交效率；店家在商品销售时也更加得心应手。

(2) 增加顾客黏性。顾客黏性是指顾客对于产品的忠诚、信任与良好体验结合起来，形成的依赖程度和再消费期望程度。网店通过宣传、促销等推广活动，保持与老客户的联系，不断刺激购买欲望。如图 4-3 所示为某商品优惠券，领券购买立减 5 元。

图 4-3　某商品优惠券

(3) 品牌形象推广。做好品牌形象推广会增加网店流量，提升品牌的信誉度和知名度，突破销售瓶颈，把网店带上新的发展历程。

第二节　搜索引擎优化(SEO)

一、搜索引擎对网店推广的作用

搜索引擎是指根据一定的策略，运用特定的计算机程序，从互联网上搜集信息，在对信息进行组织和处理后，为用户提供检索服务，将用户检索相关展现量、点击量、访问量、咨询量、线索量、成交量等相关信息展示给用户的系统，如图 4-4 所示。

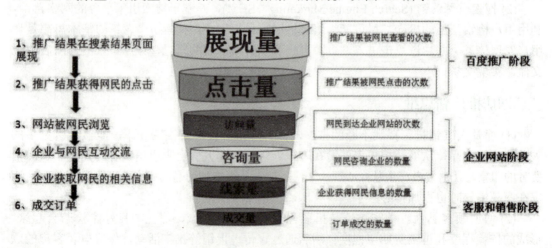

图 4-4　搜索引擎展示的相关信息

1. 搜索引擎的作用

(1) 有利于提高网店转化率。网店转化率是产生购买行为的客户人数和所有到达店铺的访客人数的比率。网店在搜索引擎的排名越高，说明这个网店的可信度越高，就越能增加消费者对网店的信任。当网店排名在搜索引擎首页时，就可以获得大量的流量，大大提升转化率。

(2) 有利于提高品牌知名度。网店拥有较好的排名，就可以增加网店的曝光度，从而树立企业品牌。

(3) 有利于吸引更多流量。SEO 优化的目的就是为网店带来更多的流量和订单量。

(4) 有利于打造爆款产品。通过对产品的标题描述等设置来提高搜索权重，从而得到更好的展现机会，进而获得更高的销量和利润空间。

(5) 降低网店获客成本。网店获客成本指网店获取新的客户所产生的费用，由营销总费用加销售总费用除以获得新客数计算所得，这是基础的获客成本计算公式。

2. 搜索引擎的分类

搜索引擎包括全文索引、目录索引、元搜索引擎、垂直搜索引擎、集合式搜索引擎、门户搜索引擎与免费链接列表等。如图 4-5 所示为常用搜索引擎排名。

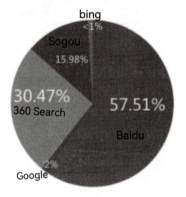

图 4-5　常用搜索引擎排名

(1) 全文索引，是从互联网提取各个网站的信息。通常以网页的文字为主，建立数据库，并能检索与用户查询条件相匹配的记录，按一定的排列顺序，以方便用户查询结果。国内著名的全文索引是百度，国外则是 Google，如图 4-6、图 4-7 所示为两个搜索引擎图标。

图 4-6　Google 图标　　　　　　　　　　图 4-7　百度图标

(2) 目录索引，是将网站分门别类地存放在相应的目录中。目录索引中，国内较有代表性的是新浪、搜狐、网易、雅虎等。

(3) 元搜索引擎，是接受用户查询请求后，同时在多个搜索引擎上搜索，将结果返回给用户。例如图 4-8 所示为 360 搜索。

图 4-8　360 搜索

(4) 垂直搜索引擎，是应用于某一个行业专业的搜索引擎，适用于有明确搜索意图的情况下进行检索，是范围极为缩小、极具针对性的具体信息。例如，用户购买机票、火车票、汽车票时，或者要浏览专门的视频资源，都可以选用行业内专业搜索引擎。

(5) 集合式搜索引擎，是由用户从提供的多个引擎当中选择，搜索用户需要的内容。特点是可以集合众多搜索引擎进行对比搜索，以便更为精准地找到目标内容。

(6) 门户搜索引擎，是指门户网站里的搜索功能。门户网站是指某类综合性互联网信息资源并提供相关信息服务的应用系统。国际上最著名的门户网站是谷歌、雅虎，中国著名的门户网站有新浪、网易、搜狐、腾讯、百度等。各大门户网站图标如图 4-9 所示。

图 4-9　各大门户网站图标

(7) 免费链接列表，一般只简单地滚动链接条目，少部分有简单的分类目录，规模比目录索引小很多。

3. 搜索引擎的排序

搜索引擎排序是指搜索引擎通过用户引导、搜索词拓展、搜索词拆解、内容筛选等行为，对消费者进行商品或网页推荐的过程。不同的搜索引擎有不同的排序机制，因此，了解搜索引擎排序机制，对于网店推广来说至关重要。如图 4-10 所示，某搜索引擎对店家男款羽绒服的搜索人气和搜索热度进行数据分析和推荐。

当平台用户积累到一定程度，平台根据用户的各种浏览、点击、收藏、加购等交互行为和不同偏好，采用大数据挖掘和人工智能技术，构建用户画像，刻画出用户的偏好，制定搜索内容。

搜索引擎排序从两个角度入手：

(1) 搜索引擎对搜索结果进行排序。根据搜索引擎排序算法，对搜索排名的影响因素(如描述质量、相关性、服务质量、权重等)进行指标打分，完成排序。

(2) 从用户搜索角度。对用户输入的搜索词进行分析解读，然后进行筛选，根据用户属性，将筛选的产品或服务按照不同维度的得分进行排序后，展现在用户的搜索结果中。

| ☑ 搜索人气 | ☑ 搜索热度 | ☑ 点击率 | ☑ 点击人气 | ☑ 点击热度 | ☐ 交易指数 | |
| ☐ 支付转化率 | ☐ 在线商品数 | ☐ 商城点击占比 | ☐ 直通车参考价 | | | |

搜索词	搜索人气 ⇅	搜索热度 ⇅	点击率 ⇅	点击人气 ⇅	点击热度 ⇅	操作
羽绒服男短款	14,230	43,057	138.47%	11,864	51,811	趋势 搜索分析 人群分析
修身羽绒服男短款	9,808	27,173	125.64%	8,275	30,969	趋势 搜索分析 人群分析
短款羽绒服男	8,196	26,376	135.69%	6,986	31,417	趋势 搜索分析 人群分析
羽绒服短款男	6,934	21,386	137.19%	5,769	25,650	趋势 搜索分析 人群分析
男羽绒服短款	6,074	17,860	134.08%	4,901	21,151	趋势 搜索分析 人群分析
羽绒服男短款加厚	3,719	10,704	130.01%	3,143	12,472	趋势 搜索分析 人群分析
轻薄羽绒服男短款	2,994	8,716	124.31%	2,421	9,900	趋势 搜索分析 人群分析

图 4-10　分析男款羽绒服搜索人气和搜索热度排序

二、关键词的挖掘与分析

关键词 (keywords) 是指用户在使用搜索引擎时输入的表达个人需求的词汇，最能直接反映用户意图。网店选对关键词，就可以在用户搜索结果中精准地快速出现，从而达到引流的目的。对于用户搜索的关键词，搜索引擎应进行词性识别，分配不同的权重，因此，熟练掌握关键词的分类是非常重要的。

1. 关键词的分类

目前业内对于关键词的分类没有统一的标准，本书介绍两种常见的分类方法。

1) 根据关键词性质分类

主流搜索引擎中常见的关键词分类有：核心词、品牌词、属性词、营销词、长尾词。

(1) 核心词是指与商品有紧密联系的，能准确表达商品的关键词。一般核心词字数比较少，很多是行业内的短词、热词和大词，搜索量巨大，竞争激烈。例如，用户输入"保温杯""男性睡衣"，这都是核心词。

(2) 品牌词是指商品的品牌名称。网店在使用品牌词时，要避免使用他人品牌词，以免构成侵权。例如"华为""格力"为品牌词。

(3) 属性词是描述商品参数特征的关键词，包括商品的型号、颜色、材质、尺寸、风格等，例如"长款""全棉"。例如在淘宝输入关键词"真丝短袖降价"，出现如图 4-11 所示商品。

(4) 营销词是具有营销性质的关键词，包括优惠信息、品

图 4-11　淘宝输入"真丝短袖降价"展示的商品

牌信誉、商品卖点，经常作为核心词和属性词的补充，例如"2023新款""正款包邮"。

(5) 长尾词是指商品的非中心关键词，但是与中心关键词相关，是可以带来搜索流量的组合型关键词，一般由两个或两个以上的词组成，例如"绿色清新款""中年大码长裙"。

2) 根据搜索频率分类

(1) 热门关键词：搜索量很大或者竞争度很大的词，核心词和属性词多为热门关键词。如果网店想获得巨大流量，那么就尽量在标题中使用热门关键词，并且在搜索结果中排名靠前。

(2) 冷门关键词：搜索量较低的词，多为不常用的长尾词，竞争度小。虽然冷门关键词在搜索量中较低，但也不容忽视。例如图4-12所示，某国足教练提到"叉腰肌"，这本来是个冷门词，但基于对互联网的敏感，这个冷门词又变成了热门关键词。

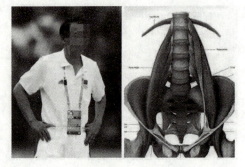

(3) 一般关键词：介于热门关键词和冷门关键词之间，具有一定的搜索量或有一定竞争度的词。热门关键词竞争度太大，因此，竞争力一般的网店可以选择一般关键词。

图4-12 "叉腰肌"曾火遍全网

2. 挖掘关键词的流程

关键词挖掘是指利用关键词拓展工具，对目标词库进行相关数据指标分析，以得出最优的关键词。挖掘关键词是优化人员在选择前必须做的一件事情。如图4-13所示，对搜索人气和点击率统计可以挖掘出目标关键词。可以根据目标词库的大小，采取不同的策略进行关键词挖掘，它将为内容创作优化指明方向，达到SEO优化的最佳效果。

关键词	搜索人气	点击率	商城点击占比	在线商品数	直通车参考价	交易指数	支付转化率
浴巾	182,251	81.61%	43.06%	1,115,241	2.06	369,772	15.44%
浴巾纯棉成人	107,670	86.63%	42.96%	206,996	2.57	289,349	19.14%
浴巾 成人	76,544	79.60%	41.09%	264,927	1.68	179,517	18.16%
浴巾女	50,928	77.07%	30.94%	192,315	1.17	93,789	14.75%
婴儿浴巾	49,214	99.01%	52.58%	219,025	1.63	116,792	11.87%
浴巾儿童	44,219	85.45%	42.28%	253,486	1.87	89,196	13.37%
纱布浴巾	39,445	99.41%	52.66%	186,851	1.66	99,740	11.82%
婴儿浴巾纯棉	37,588	98.39%	46.57%	134,327	1.59	94,005	13.44%
宝宝浴巾	32,156	90.64%	47.25%	214,390	1.4	71,221	12.10%
浴巾纯棉成人	31,425	79.76%	38.31%	104,945	2	75,287	16.83%
新生儿浴巾	29,551	99.91%	53.13%	168,397	1.59	69,543	11.83%
儿童浴巾	28,356	84.47%	43.53%	253,428	1.87	58,682	13.14%
浴巾黑狗	27,794	71.19%	11.95%	62,739	1.29	45,505	12.16%
浴巾可穿	27,129	72.50%	18.38%	70,676	1.02	38,006	10.68%
宝宝浴巾纯棉	22,093	95.16%	47.35%	125,333	1.28	51,435	12.37%
大浴巾	20,725	81.43%	43.54%	324,139	1.77	49,529	16.42%
浴巾纯棉	20,442	87.17%	46.16%	482,254	2.41	51,824	18.41%
浴巾 成人 其	20,380	83.69%	41.52%	206,936	2.57	62,302	21.19%
浴巾 纯棉	20,354	83.90%	52.90%	482,254	2.41	56,300	19.52%
新生儿浴巾纯	20,048	96.38%	47.53%	77,179	2.02	49,408	12.44%
浴巾纯棉成人	19,743	77.65%	38.44%	169,490	1.69	44,239	17.23%
纱布浴巾 新	19,577	98.96%	57.90%	126,026	1.6	50,672	12.36%
洁丽雅浴巾	19,365	80.90%	62.52%	6,742	1.54	47,390	12.35%
婴儿浴巾纯棉	17,999	93.04%	39.24%	51,999	1.2	46,006	14.57%
婴儿纱布浴巾	17,921	106.56%	59.85%	144,769	1.99	52,375	13.75%

图4-13 搜索人气和点击率挖掘关键词

关键词挖掘有四个流程：

(1) 了解自身商品、服务以及用户的搜索习惯，了解搜索引擎的排名机制，更精准地挖掘关键词。

(2) 根据搜索引擎以及网店所处行业的情况，设定关键词挖掘的范围，关键词要与商品相关。如图 4-14 是淘宝搜索关键词"饮料品牌"后的人气排名。

(3) 网店可以采用多种不同的关键词挖掘方法挖掘关键词，例如搜索栏下拉框、搜索引擎自带关键词推荐工具、第三方等。

Top品牌	销售额（元）	销量
农夫山泉	1129195623	20651919
元气森林	562209442	7872831
COCA-COLA/可口可乐	540589709	15684556
百事可乐	333575639	8435541
怡宝	328752431	11110836
康师傅	230240630	6291650
watsons/屈臣氏	205216947	3153573
OATLY	199597919	1940362
Vitasoy/维他奶	167860277	4072571
Perrier/巴黎水	163057963	1244152

图 4-14 搜索关键词"饮料品牌"的人气排名

(4) 将挖掘到的关键词制作成词库，定期动态更新词库。

3. 挖掘关键词的原则

挖掘关键词有四个原则：

(1) 选择能代表产品或服务的关键词，例如商品词和品牌词。

(2) 站在潜在客户的角度，设想潜在客户会用什么样的词条寻找此类产品或服务。

(3) 根据企业不同的推广需求，策划合适的关键词、通用词、针对词。

(4) 拓展尽可能多的关键词，以便获得更多潜在受众的关注。

4. 挖掘关键词的方法

(1) 在搜索引擎搜索时给出的提示词中获取关键词，例如搜索下拉框、相关关键词等。

(2) 利用搜索引擎为网店提供的数据分析工具获得关键词，如图 4-15 所示的淘宝生意参谋。类似的有京东的商智、百度推广的关键词规划师等。

图 4-15 淘宝生意参谋

(3) 借助市场中成熟的第三方关键词挖掘工具获得关键词。

5. 关键词分析要点

关键词分析要点有三个部分，一是关键词内容分析，二是关键词排名分析，三是关键词技巧分析。

1) 关键词内容分析

关键词内容分析包含竞争度分析、趋势分析、需求分析和转化率分析。

(1) 关键词竞争度分析是指该关键词在行业排名中被搜索的难易程度。关键词搜索指数越高，搜索量越大，竞争度越大。某些关键词的商业价值很高，很多商家愿意花钱做推广，想利用这些关键词提高自然排名，网店应该关注排名上升较快的检索词，不断更新排名上升较快的检索词的内容。

(2) 关键词趋势分析。网店要积极关注关键词百度相关搜索一个月左右的搜索量，在下拉框关注最近一两周的搜索量，也要关注排名上升较快的检索词，不断更新排名上升较快的检索词的内容。

(3) 关键词用户需求分析。关键词用户需求分析的目的是全面了解用户需求，并满足其需求，将用户留在网店内；也要注意潜在需求，即消费者由于某些原因还没有明确显示出的需求，一旦条件成熟，潜在需求就转化为显性需求，从而为网店提供商机。

(4) 关键词转化率分析。关键词转化率分析是通过一个关键词，知道有多少客户是通过其付款的。如图 4-16 所示为某商品 2023 年 3 月的转化率。提高转化率的关键，就是要知道哪些关键词能够让买家愿意下单，然后将点击率低的关键词换成高频关键词，促成更多转化。

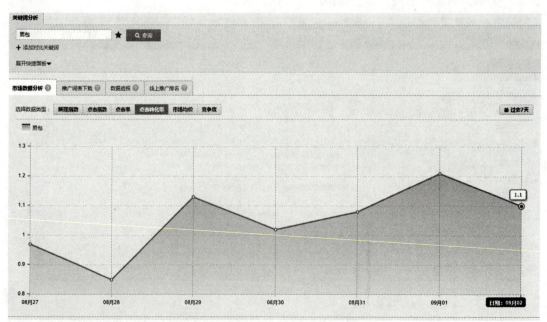

图 4-16   某商品 2023 年 3 月的转化率

2) 关键词排名分析

关注关键词排名高低，以排名的高低统计关键词的转化率。找出排名较高或有潜力的关键词，针对性地做好外链或锚链接，提升这些关键词的排名，积极关注排名的进度，为关键词做好阶段目标。如图 4-17 所示为关于女外套的关键词各项排名。

搜索词	搜索人气	搜索热度	支付转化率	在线商品数	商城点击占比	操作
牛仔外套女	145,789	382,708	6.07%	963,853	52.85%	搜索分析 人群分析
外套女2019新款	130,509	333,387	3.93%	2,964,843	53.43%	搜索分析 人群分析
外套女春秋	126,865	305,640	4.19%	2,186,170	52.92%	搜索分析 人群分析
外套	125,556	273,442	5.25%	4,060,772	54.79%	搜索分析 人群分析
防晒衣女外套	115,692	277,161	9.07%	1,998,616	64.22%	搜索分析 人群分析
西装外套女	115,288	295,899	5.83%	763,668	38.59%	搜索分析 人群分析
外套女	102,063	268,583	3.94%	3,431,368	48.92%	搜索分析 人群分析

图 4-17 关于女外套的关键词各项排名

3) 关键词技巧分析

(1) 互斥问题。搜索引擎会根据关键词的相关性来判断网店主题，如果关键词设置出现互斥问题，即两个关键词之间没有任何相关性，那么搜索引擎排名会较低。

(2) 有价值的关键词。当用户在搜索关键词时，如果关键词不能完全满足用户需求，则需对此类关键词进行深入挖掘，挖掘关键词隐藏的用户需求。

(3) 有权威性的关键词。这类似于企业品牌词，只有具备足够的权威性，才可以使用户对网店产生信赖感。

(4) 分析竞争度。根据自己的资源和优化实力来为网店的关键词定位，要脚踏实地，切勿好高骛远。

三、商品标题制作与优化

商品标题是描述商品的名称，通过标题可以让买家找到商品，快速了解商品的类别、属性、特点等。如图 4-18 所示，商品标题"雨鞋套"，如果加上"加厚""防滑""硅胶"会出现不同的搜索结果。商品标题是与买家自然搜索联系最密切、影响最大的因素，一个优秀的商品标题可以为商品带来更多的自然搜索流量。

网店商品标题由多个关键词组成。以淘宝网为例，网店商品标题最多只能由 60 个字符组成，一个数字、英语或空格为 1 个字符，一个汉字为 2 个字符。网店在制作商品标题时，要充分利用这 60 个字符的空间，争取获得标题流量最大化。

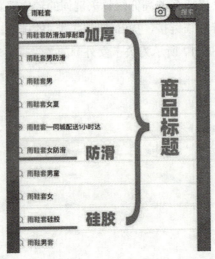

图 4-18　加厚、防滑、硅胶不同要求的雨鞋套

1. 商品标题的作用

商品标题具有三个作用：

(1) 明确告诉潜在买家网店卖的什么商品。

(2) 告诉搜索引擎网店卖的什么商品。

(3) 影响商品自然搜索结果排名。

一个好的商品标题应该满足两个条件，一是有利于点击，标题设置需要符合买家的购买习惯。二是有利于展现标题中含有买家搜索的关键词，并且关键词相关性比较高。

2. 商品标题制作流程

商品标题的制作流程如下：

(1) 从关键词词库中找出合适的关键词，包括商品剖析、关键词类型、相关性。

(2) 根据关键词数据指标筛选关键词。关键词的数据指标包括店铺类型、数据时效性、关键词去重。

(3) 调整标题关键词排序，依据的原则是关键词的重要程度和买家搜索习惯。标题关键词的组合格式可参考图 4-19。

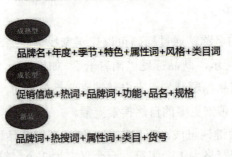

图 4-19　标题关键词的组合格式

(4) 确定商品标题，可以进行标题测试和动态优化。

3. 商品标题制作注意事项

商品标题的优劣关系到商品的搜索权重，影响商品的自然搜索流量以及网店的活跃程度。在制作商品标题时，需要注意以下五点：

(1) 标题尽可能写满。

(2) 核心词尽可能前置。

(3) 标题尽可能多地覆盖所处类目关键词。

(4) 爆款商品标题应慎重优化。

(5) 标题优化频率不应太高。

制作商品标题时，不应直接复制爆款标题，不应直接按自身想法制作标题，不应盗用其他品牌词或堆砌关键词。制作商品标题时，还要合理利用标题空间，注意商品标题长度，关键词应广泛覆盖，重要关键词应注意前置，应符合买家的搜索习惯。

制作商品标题的其他技巧如下：

不要使用大量类似/重复的标题。

不要在标题中堆砌过多产品词和品牌词。

不要刻意使用特殊符号。

在标题中写主要类目和属性。

注意敏感词过滤。

及时修改违规标题。

4. 商品标题优化

商品标题优化是关键词的组合优化，旨在得出高质量的商品标题，提升商品的展现指数，提高商品的点击率，以获得更优质的自然流量。

按照商品所处的竞争阶段，可以将商品分为爆款、日常销售款、新品或滞销款三种类型进行标题优化。

(1) 爆款标题优化。爆款标题应该选择行业内的热词、短词，剔除和自身商品不相关的属性词及品牌词，选择出现点击次数最多、热搜指数最高的关键词组合成曝光度最高的标题。

(2) 日常销售款标题优化。日常销售款选择关键词，应该以商品的属性词为基础进行关键词拓展，从而追求较高的转化率。可选择展现指数和点击指数较高的属性关键词。

(3) 新品或滞销款标题优化。当市场的供求发生变化的时候，店铺现在的畅销产品也有未来变成滞销品的可能。当产品变成滞销款后，标题优化时要注意同样的标题只能用于一个产品，删去一些转化率不高的、不够精确的词语，尽量将属性填满以获取搜索流量。

5. 商品标题优化策略

日常销售款标题优化时，为了获取商品属性相关的流量，应尽可能包含较多的属性相关词，让符合属性的关键词曝光度最大化。网店可以按照以下三个步骤进行优化：

(1) 确定商品的核心属性。

(2) 通过各种关键词挖掘方法，采集相关的属性关键词，扩充词库中的属性关键词。

(3) 选出关键词词库中相关的属性关键词，选择展现指数和点击指数较高的属性关键词，组成曝光度最高的标题。如图 4-20 所示，输入"自行车"，根据展现指数和点击率可以比较出商品的曝光度。

图 4-20 输入"自行车"比较出商品的曝光度

▶ ▶ 🛒 第三节　搜索引擎营销(SEM)

一、SEM 概述

搜索引擎营销 (Search Engine Marketing，SEM) 是指基于搜索引擎平台的付费推广，平台提供资源，买家付费购买优质资源，并利用人们对搜索引擎的依赖和使用习惯，在人们检索信息的时候，将推广信息传递给目标用户。

买家在搜索引擎输入关键词，点击搜索后，相关的产品广告即进行展示。比如我们在淘宝上搜索"长裤"，那么出现的就是与长裤相关的产品的广告。

商家在推广账户中添加关键词，目的是定位意向买家搜索的关键词，也就是迎合买家搜索的关键词。当买家搜索相同或相关关键词后，产品就有机会展现，从而促进点击与成交。

常见关键词搜索广告系统包括以下三类：

(1) 信息流搜索广告系统，主要包括百度搜索广告、360 点睛实效平台、搜狗智能营销平台、Google Ads 等。如图 4-21 所示为百度信息流竞价广告定向能力矩阵。

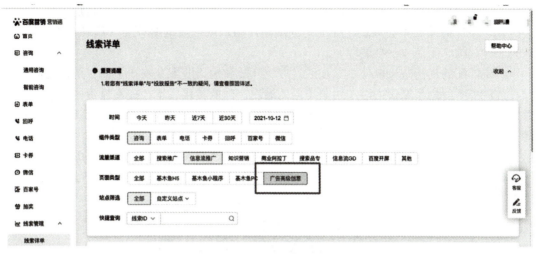

图 4-21 百度营销通广告

(2) 购物类搜索广告系统，主要包括淘宝直通车、速卖通直通车、京东快车、亚马逊PPC、敦煌流量快车等。

(3) 垂直类搜索广告系统，如专注于个性化信息推广的今日头条，专注于团购的美团等。

二、关键词匹配方式

1. 精准匹配

精准匹配是指搜索关键词与推广关键词二者字面完全一致时才触发的限定条件，用于精确严格的匹配限制。使用精准匹配时，若搜索词中包含其他词语或搜索词与关键词的词语顺序不同，均不会展现对应的内容。

2. 短语匹配

短语匹配也叫词组匹配，是一种关键词设置。只有用户的搜索字词包含网店的关键词或其紧密变形体时，网店的广告才会展示。短语匹配有三种形式：

(1) 短语精确包含。匹配条件是用户的搜索词完全包含商品的关键词，系统才有可能自动展示商品的推广结果。

(2) 短语同义包含。匹配条件是用户的搜索词完全包含商品的关键词或用户搜索词是推广关键词的变形条件，系统才有可能自动展示商品的推广结果。

(3) 短语核心包含。匹配条件是用户搜索词包含商品关键词、用户搜索词是推广关键词的变形或用户搜索词是商家推广关键词商品的核心部分、关键词核心部分的变形时，系统才有可能自动展示的推广结果。

3. 广泛匹配

广泛匹配是指搜索关键词完全包含推广关键词，或者包含部分字面顺序颠倒或有间隔关键词时，商品均有机会展现。广泛匹配是最宽泛的匹配方式，也是默认的匹配方式。

4. 否定匹配

否定匹配也叫作否定关键词，是指设置商品的某关键词为否定匹配，当用户搜索该关键词或该关键词的相关词时，推广商品不展现。只要用户的搜索词完全包含这个短语否定关键词，推广商品就不会展现。在否定匹配中，用户的搜索词必须与"精确否定关键词"一模一样，推广商品才不会展现。

否定匹配的优势是可以使卖家在通过广泛匹配和短语匹配获得更多潜在用户访问的同时，过滤掉不能为卖家带去潜在用户访问的展现，降低转化成本，提高投资回报率。不过否定匹配也存在劣势，即设定否定关键词后，将降低关键词的展现概率，也就是降低获得潜在用户关注的概率。

卖家要做好关键词的各种匹配方式，但也要注意网店的违禁词，避免在关键词中设置违禁词，使得自己的宝贝不能展现。图4-22整理了淘宝若干违禁词和相关可替换词，以供卖家参考。

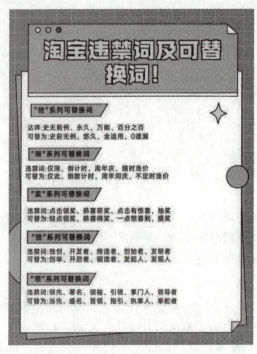

图4-22　淘宝违禁词和可替换词

三、广告排序和质量分

广告排序是指用户搜索关键词时，搜索结果页的推广商品按照一定的规则排序后，在优势的广告位置按照排序结果进行展现。排序的实质就是为商品"打分"。

$$关键词综合排名指数 = 关键词质量分 × 关键词出价$$

其中，关键词质量分是指搜索推广中衡量关键词与推广商品信息、用户搜索意向三者之间相关性的综合性指标。分值越高，获得的推广效果越理想。不同平台对于关键词的质量分有不同的叫法，例如，淘宝直通车推广叫质量分，速卖通直通车叫推广评分，百度叫质量度，京东叫竞争力系数。

关键词质量分有三个作用：

（1）降低关键词点击花费。在排名不变的情况下，提高关键词质量分，出价会相应降低。

（2）排名更靠前。在出价相同的情况下，提高关键词质量分，可以让关键词的排名更加靠前。如图 4-23 所示为淘宝直通车后台显示的质量分的分值。

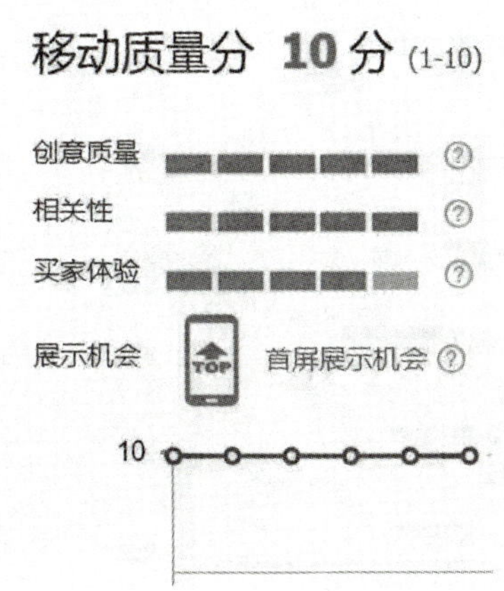

移动质量分 **10分** (1-10)

创意质量

相关性

买家体验

展示机会　　TOP　首屏展示机会 ⑦

10

图 4-23　系统处理后的直通车质量分

（3）限制推广结果的展现资格。当关键词质量分偏低时，推广结果可能无法展现，或者展现概率较低。

四、关键词出价和关键词扣费

关键词出价是指商家愿意为关键词被点击一次所支付的最高价格，由商家自己设定，而不是由搜索引擎设定。关键词被点击一次的花费不高于关键词的出价，所以关键词出价也是关键词的单次点击花费上限。

关键词扣费不等于出价。以直通车按点击收费为例，只有买家点击了商家的推广信息后才进行扣费，单次点击产生的费用不会大于商家设置的出价。此外，淘宝平台会有 24 小时的无效点击过滤机制，系统会结合 30 多项综合参数，来判断点击的有效性，过滤无效点击，并且不会产生花费。系统过滤的时间大约是一个小时，具体的准确扣费以第二天的直通车报表为准。

注意：单次点击产生的费用不会大于商家设置的出价。

关键词的单次点击花费 = 下一名的质量分 ÷ 自己的质量分 ×（下一名卖家的出价 + 0.01 元）

从这个公式可以知道：当处于同一个位置的时候，想要降低点击花费只有两个方法，一是提升自己的质量分，也就是让自己的关键词质量分变成 10 分。某个关键词的质量分越高，所需付出的费用就越低。二是调整自己的位置，不要去竞争太靠前的位置，这样自己下一家的出价就会低很多。

关键词质量分是 SEM 关键词排名与扣费的重要影响因素。如果想要以较小的花费获得较好的排名，就要添加质量分高的关键词。添加质量分高的关键词主要考虑因素有相关性、点击率、网店质量、账户历史表现，但在加词的过程中，最要考虑的是相关性。如图 4-24 所示为女套装商品的计算机质量分和移动质量分。

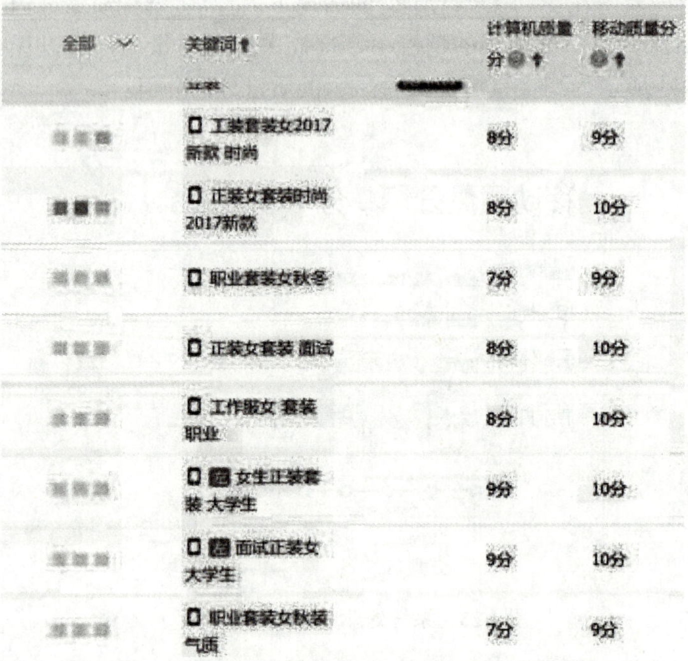

全部 ∨	关键词 ↑	计算机质量分 ❓ ↑	移动质量分 ❓ ↑
	女装		
	□ 工装套装女2017新款 时尚	8分	9分
	□ 正装女套装时尚2017新款	8分	10分
	□ 职业套装女秋冬	7分	9分
	□ 正装女套装 面试	8分	10分
	□ 工作服女 套装 职业	8分	10分
	□ 🖼 女生正装套装 大学生	9分	10分
	□ 🖼 面试正装女 大学生	9分	10分
	□ 职业套装女秋装 气质	7分	9分

图 4-24　女套装商品的计算机质量分和移动质量分

添加关键词时，往往系统没有直接关于产品相关性计算的反馈数据，因此需要自己进行判断；也要注意从搜索人气、频次、密度、紧密、优选等角度来选择关键词。

关键词出价有四个依据：

(1) 词本身的出价。一般情况下，核心词和转换词的出价要适当高些，流量词的出价要适当低一些。

(2) 根据时间出价。时间段不一样，竞争程度也不一样，可以根据账户预算情况进行调整。

(3) 根据地域出价。多地域投放时，各地的竞争程度不一样，不同地域的出价可以通过调整地域出价系数来控制。如图 4-25 所示为淘宝直通车智能推广出价。

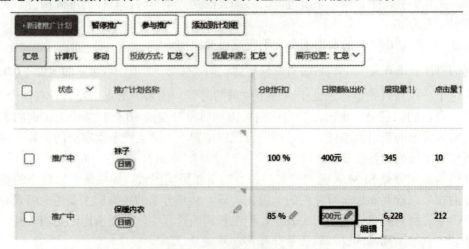

图 4-25　淘宝直通车智能推广出价

(4) 关键词批量出价。为了减少后期关键词维护的工作量，在关键词添加后，可以对关键词进行批量出价。

本章回顾

本章主要学习网店推广的时代背景，了解搜索引擎优化的相关技能，熟悉搜索引擎推广方式。

思考练习

一、简答题

1. 网店推广有哪些新技术？

2. 搜索引擎有什么作用？

3. 制作商品标题时要注意什么？

4. 关键词出价的依据是什么？

二、案例分析

小芊芊打算开一家网店专卖汉服，她开店前做了攻略，才明白原来汉服不是专指汉代的服装，而是泛指带有汉民族特色的服饰。她将想售卖的汉服做了归类：晋制汉服、唐制汉服、宋制汉服、明制汉服等。在确定货源、网页制作后，小芊芊又开始考虑如何推广她的网店。她设置了商品的关键词与标题以方便客户搜索，并考虑适当付费以进行搜索引擎推广。

请你帮她设计一个妥当的网店推广方案。

参考答案

第五章　网店促销与营销工具

 学习目标

1. 了解网店促销的常见活动形式。
2. 掌握网店促销的时机和手段。
3. 了解主流电商平台网店营销工具。

思政目标

1. 掌握淘宝大促活动的运营方法，提高创新能力。
2. 掌握淘系电商平台主要营销工具的应用流程和应用要点，增强社会服务意识。

 知识结构图

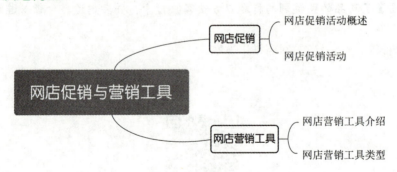

 案例导入

　　两年前，阿丽从河南老家来到深圳，在一家公司当雇员。去年，阿丽和男友结婚了，像大多数女孩一样，她想要一颗结婚钻戒，但商场的价格太高，让她不敢下手。阿丽听说网上购物便宜，就上网买了一款还算满意的钻戒，只要999元，是珠宝实体店价格的三分之一。阿丽从中发现了商机，开网店卖起了珠宝。

　　刚开始网店生意没太大的起色，阿丽开动脑筋，开展了一系列的促销活动，例如赠品促销、购物积分、满就送、打折等，让交易量提高了不少，阿丽很高兴。

思考题

如果你也开了一家珠宝店，还能想到哪些促销方式？

▶▶🛒 第一节　网店促销

在营销体系中，促销活动是激活老客户、拉动新客户的有力手段。促销活动的实施不仅可以大大促进店铺销售转化，而且有助于商家迅速提升其品牌影响力。在网店运营的发展过程中，从淘系的天天特价、淘金币、聚划算开始，促销活动运营已成为网店运营日常工作的一部分；尤其是淘系"双十一"的示范效应将营销活动推向高潮，京东、苏宁易购、唯品会、拼多多等纷纷效仿，促销活动运营已成为提升平台活跃度的常规手段，同时也是网店运营工作中重要的组成部分。

一、网店促销活动概述

1. 网店促销活动的定义

促销活动是指为了促进某种商品或服务的销售而进行降价或是赠送礼品等的行为活动，能在短期内达到促进销售、提升业绩、增加收益的效果。

大型促销活动是淘宝非常重要的营销活动。在大促活动正式开始前很长一段时间内，淘宝便会对其进行预热宣传，以求达到较好的推广效果。例如，年中的"6.18"大促活动、年末的"11.11"大促活动、"12.12"大促活动，都是淘宝影响力的体现。同时，为了提升大促活动的效果，淘宝每年都会调整大促活动的规则和操作方式。因此，商家需要提前做好准备和布局，以免出现纰漏而影响促销效果。

淘宝的促销活动主要有两类：一类是全平台的重要大型促销活动，主要有"6.18"活动、"11.11"活动、"12.12"活动；另一类是淘宝的节日活动，是普通的大型促销活动，主要有"3.8女王节""双旦礼遇节""年货节"。表5-1所示为淘宝的大型促销活动。

表5-1　淘宝的大型促销活动

活动名称	活动时间（大致）	活动起源	活动周期	活动重要性
6.18	6.1～6.20	源于京东"火红六月"活动，后发展为全电子商务平台的年中促销活动	一年一次	年中重要促销活动
11.11	11.1～11.11	源自天猫2009年11月11日的促销活动，后成为全电子商务平台的典型促销活动	一年一次	年末重要促销活动
12.12	12.1～12.12	2011年，淘宝、京东等电子商务平台纷纷推出"网购盛宴"，发展至今	一年一次	年末重要促销活动
3.8女王节	3.5～3.10	天猫联合商家开展的节日营销活动	一年一次	女性及家庭用品重要促销活动
年货节	春节前期	天猫联合商家开展的节日营销活动	一年一次	春节年货产品的重要促销活动

2. 网店促销的最佳时机

促销虽然有效，但并不能常用，一味促销反而会降低消费者对商品的兴趣，导致消费者流失、商品销量下降。因此，商家开展网店促销需要找准时机，在合适的时间进行促销。

1) 上新

上新是一个很好的促销时机，不论淡季还是旺季，商家都可以借助该时机进行促销。但是并不是随意地选择上新时间，需要让消费者对网店的上新时间有印象，因此，在固定的周期内上新更有利于网店被消费者记住。同时，商家还需要应用一定的上新技巧，激发消费者对上新的热情。

(1) 上新周期。不同类型网店的上新周期不一样。其中，服装类网店因商品的时效性较强，上新的周期一般在 15 天以内。一般来说，主张快时尚的服装店每周上新一次，例如，女装网店"VEGA CHANG 概念店"7 天左右便会上新；有些风格较独特的服装店一般 12 天左右上新一次，例如，女装网店"小镇姗姗 TOWN33"便是 12～15 天上新一次 (见图 5-1)，每次持续 3 天左右。食品类、美妆类等网店受市场和研发情况影响，上新周期较长，一般会依季节而定。例如，美妆网店会根据季节变化推出春日限定樱花色口红、秋冬枫叶色口红等。

图 5-1　女装网店上新时间

(2) 上新技巧。上新时，商家可以在淘宝订阅或微博、微信等社交媒体平台中发布上新讯息和新品图片，并通过转发抽奖、评论抽免单或大额优惠券等方式激发消费者的活跃度。如图 5-2、图 5-3 所示为淘宝某女装网店在订阅和微博中发布新品信息并鼓励粉丝评论、转发的页面截图。

图 5-2　淘宝某女装网店订阅新品信息

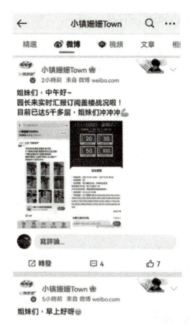

图 5-3　淘宝某女装网店微博发布新品信息

2) 节假日

节假日是受绝大部分网店青睐的促销时机，不管是在国家法定节假日开展促销活动，还是在淘宝等电子商务平台打造的电子商务购物节开展促销活动，都有利于网店促销。

(1) 国家法定节假日。在国家法定节假日开展促销活动能够吸引比平时更多的消费者。同时，国家的每个法定节假日都有着特殊含义，网店在开展活动时可赋予商品节日的含义，从而吸引特定的消费者购买商品。随着淘宝对节假日活动越来越重视，节假日促销逐渐被越来越多的消费者接受。例如春节、中秋节等法定节假日，网店纷纷将商品与春节、中秋节等联系起来开展促销活动，取得了良好的促销效果。

(2) 线上购物节。随着"11·11""12·12"等在社会上的影响力变大以及对平台的重要性不断增强，淘宝对电子商务购物节越来越重视，不断加大对电子商务购物节的支持力度。因此，参与电子商务购物节的促销活动对网店十分有利，可以帮助网店增加销量，扩大网店影响力。

3) 店铺周年庆

周年庆对于网店有重要的纪念意义，也是除大促活动外可以进行大力度促销的时机。例如，女装网店 MG 小象 2021 年 5 月 11 日至 5 月 13 日开展了 11 周年庆活动，提高了网店商品的销量。选择在周年庆时促销不仅有利于提高商品销量，还有利于提高消费者对网店的认知度和忠诚度。

4) 换季清仓

换季清仓适合季节性较强的商品，通常在每一季度末进行。虽然商品即将过季，但因折扣力度较大，对消费者同样具有很大的吸引力。因此，网店可以利用这一时机，对即将过季的商品进行处理。

二、网店促销活动

在日常的网店运营中，店铺促销活动一般包括自己店铺、官方平台以及第三方平台的促销活动。由于当前官方促销活动是网店运营工作的主流，所以下面主要以官方活动为主进行介绍。

官方促销活动是指由网络平台组织商家开展的活动促销行为。一方面平台引导商家按要求参与各种活动，另一方面平台在站内各大主要栏目及站外进行宣传推广，拉动客户参与。由于平台拥有广泛的受众群体及活动宣传影响力、诱惑力，因此商家适度地参加活动对促进销量、积累客户、提升影响力等都有明显的拉动效应。目前，在网络零售平台上比较突出的活动有淘系的聚划算、天天特卖、"双十一"购物狂欢节、天猫"6·18"年中大促活动，京东系的秒杀、每日特价、大牌闪购等活动，拼多多的年货节、秒杀、爱逛街、断码清场等活动。

下面以淘系为例，系统介绍官方促销活动聚划算、天天特卖和淘金币。

1. 聚划算

1) 聚划算活动概述

淘宝聚划算是团购的一种形式，是由淘宝网官方开发并组织的一种线上团购活动，日访客过千万。从 2010 年诞生到现在，聚划算几经变革，从前期隶属于淘宝的一个频道到现在成为淘系的独立部门；从前期商家免费参加到后来的商家竞拍、付费方式参加，尽管聚划算活动不停地发生着变化，但它依然是在淘系影响最大的官方活动之一。

聚划算之所以在淘宝平台备受瞩目，其关键在于平台赋予其丰富的流量入口资源。聚划算在淘宝移动端（如图 5-4 所示）和 PC 端（如图 5-5 所示）都拥有单独的入口；另外，淘系还为聚划算开发了独立的 APP，用户无论打开哪个入口，都可以看到多样的聚划算活动。商家参加该活动能够产生非常可观的营销效果，获得更多的浏览量和收益。

图 5-4   聚划算在淘宝移动端

图 5-5　聚划算在淘宝 PC 端

2) 聚划算活动类型

聚划算是亚洲最大购物网站淘宝的团购品牌，也是淘宝覆盖全站的团购平台，凭借淘宝网海量丰富商品，每天发起面向 2 亿用户的品质团购，秉承"精挑细选、极致性价比、真相决定品质"的核心价值主张，正在快速发展中。无论是日交易金额、成交单数还是参与人数均为全国第一。

商家参加聚划算活动，能够以较低的价格获得平台的推荐，从而为店铺带来浏览量与订单量，是一个非常好的营销渠道。那聚划算有什么特点呢？

(1) 开团形式。开团形式主要包括单品团、品牌团和主题团。

① 单品团 (含超级单品团)，是指汇聚淘宝和天猫的优质单个商品，商家以单个商品参团的活动形式。商家参与单品团购活动时选择网店内品质优良的商品会更有竞争力。

② 品牌团，是指汇集国际、国内知名品牌，以单个店铺单个品牌的多款商品同时参团的活动形式 (如图 5-6 所示)。该团购类型的活动更适合知名度较高，有一定根基的网店或品牌参与。

图 5-6　聚划算品牌团

③ 主题团，是指针对某一特定主题，由两个以上符合该主题的店铺同时参团的活动形式。商家参与该团购类型的活动时，可根据自身要求选择店铺数量合适的主题进行拼团。

(2) 频道类型。商家需要深入了解聚划算有哪些招商频道。聚划算根据不同的消费者需求有不同的招商频道，包括聚名品、聚新品、量贩优选、品牌清仓、全球精选、生活服务团和视频单品团共 7 个频道。不同的频道类型适合不同的营销场景。

① 聚名品：以汇集国际高端、知名品牌 (含港澳台) 商品为目标，致力于打造时尚人士购买品牌商品的首选团购聚集地，从而更好地实现为消费者挑选更高性价比的商品。

② 聚新品活动：为消费者提供全新研发、技术升级、功能迭代或革命性设计创新的商品，给用户带来惊喜感和期待感。聚新品又包括试发新品和必抢新品两个频道。

③ 量贩优选：汇聚淘宝和天猫的优质商家，针对生活必需品为消费者提供周期性、适合多件打包 (同件商品多件销售) 或套餐组合 (不同商品组合售卖) 商品的活动形式。

④ 品牌清仓：为品牌提供库存货品销售渠道，同时为广大消费者带来高性价比品牌商品的活动形式。品牌清仓分品牌团、主题团、单品团和大牌常驻，具体活动形式参考活动招商页面。

⑤ 全球精选：汇聚了全球进口商品，向消费者提供极具性价比的海外商品体验，所有商品均为原装进口，商家来源于淘宝 / 天猫 / 天猫国际经营进口商品的店铺。

⑥ 生活服务团：汇聚全网优质商品，为消费者提供高品质、高服务保障且极具性价比的生活服务类商品的活动。

⑦ 视频单品团：赋予商品动态化爆发能力，以动态化形式介绍产品、功能、搭配、场景等，满足消费者对于动态化内容视频需求的活动形式。

商家在对聚划算的特点有了充足了解后，才能够熟练地申报活动，这样有助于提高店铺的点击率和交易率。商家可以参照以上的分类，对照自己的产品种类进行申报。

3) 聚划算活动报名要求

(1) 淘宝的 C 店 (个人店铺) 要求在 3 钻及以上、淘宝好评率要在 98% 及以上，同时加入了消保的旺铺；B 店 (企业店铺) 要求店铺综合动态评分 4.5 及以上、"宝贝与描述相符"项动态评分 4.5 及以上。

(2) 店铺要有较强的运营能力、完善的运营，客服团队可以给买家优质的购物体验及服务。

(3) 报名聚划算的店铺不得在处罚期内，不得涉嫌信用炒作。如果店铺是虚拟物品转实物交易，那么虚拟物品交易比例应小于 50%。

(4) 店铺必须承诺在活动下线后 7 天内 (最好在 5 日之内) 完成发货，并承诺因发货延迟、货不对版等问题导致买家申请退货退款，运费由卖家承担；如果商家不能完成 7 天内发货，聚划算有权对商家进行处罚。

(5) 同一店铺每次限报 3 个商品，而且单个商品数量库存在 1000 件及以上 (大型数码电器类、金银珠宝类等类目的数量可适当放宽)；一周内勿重复报名，同卖家一个月最多可以参加两次活动，同卖家同商品的间隔时间为一个月。

(6) 报名的商品需要最近一个月销售 10 个以上，且成交价格不能低于报名时的原价。

(7) 团购价需要非赢利的出厂体验价，不得报虚高，标品不能高于市场的定价。

4) 聚划算活动报名流程

商家参加聚划算活动报名流程如下。

(1) 打开商家后台营销活动中心，选择对应类型的活动，即可看到活动列表，如图 5-7 所示。商家可以根据需要，单击对应时间的活动进行报名。

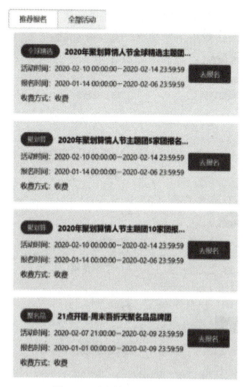

图 5-7　聚划算报名活动列表

（2）了解活动详情。如图 5-8 所示为聚划算报名活动详情页，商家可以通过该详情页掌握活动的时间安排、玩法，同时还可以查看活动的收费规则和资质等。

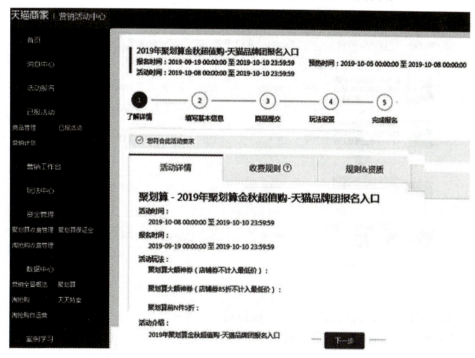

图 5-8　聚划算报名活动详情页

(3) 图 5-9 所示为聚划算活动报名收费规则页面。商家可以根据活动目标选择商品预估成交额，判断活动费用，保底费用 = 货值 × 费率，技术服务费 = 预估成交 × 佣金率，实时划扣，根据实际情况还会出现退还金额，最终生成实际花费。

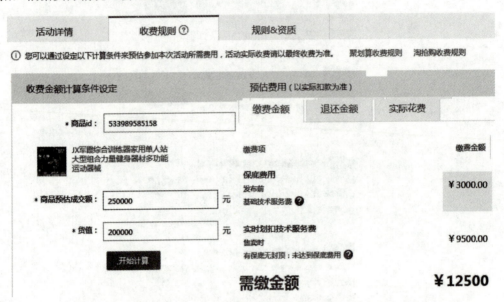

图 5-9　聚划算活动报名收费规则

(4) 填写基本信息。在聚划算活动报名商品选择页面，选择要报名的商品，单击"选择"按钮可跳转至下一页面，如图 5-10 所示部分商品的"选择"按钮呈现灰色，说明这些商品不符合上述聚划算的条件要求，商家可单击"查看原因"按钮，查看具体原因。

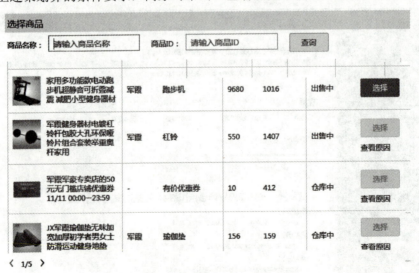

图 5-10　活动报名商品选择

(5) 如图 5-11 所示为聚划算活动选择坑位页面，该页面显示该款商品适合的坑位安排，包括展示时间、开团时间、类目、位置数、报名商家数等；然后进入活动签署协议页面，商家可根据提示填写基本信息，选择报名的商品并完善商品信息进行提交。

图 5-11　活动选择坑位

（6）商品提交。商品提交内容主要包括商品的活动价格及数量、商品信息、商品资质证明、补充信息等。

① 商品活动价格及数量（如图 5-12 所示）。商家在这个页面可以选填报名类型，既可以选择商品维度，又可以选择 SKU 维度，同时填写商品活动价格和报名库存数量；这里需要填写有竞争力的价格，同时也要考虑投入回报比，还需要为以后其他活动留有一定的空间，避免违背最低价原则。

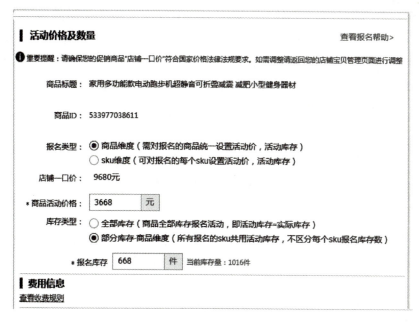

图 5-12　商品信息填写

② 商品信息。商品信息填写的内容包括标题、短标题、商品图片、商品素材图、卖点特性等，每一项内容都会显示在聚划算开团后的前台页面，都有可能是吸引客户关注的焦点，因此商家要精心填写。

③ 上传商品资质证明及补充信息。按要求填写即可。

(7) 玩法设置。如图 5-13 所示为聚划算活动玩法设置页面，即在活动价的基础上商家可以进一步添加促销元素，例如优惠、权益供给等，选择满减、第 N 件优惠等，其目的是进一步增加参加活动的力度，加大客户的购买欲望。设置完成后可提交完成报名。

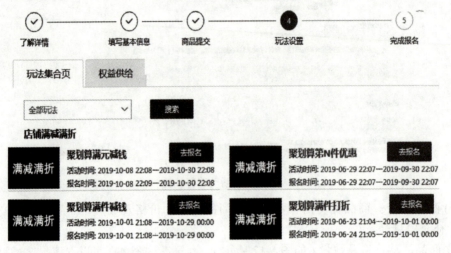

图 5-13　活动玩法设置

(8) 如图 5-14 所示为聚划算活动完成报名页面。

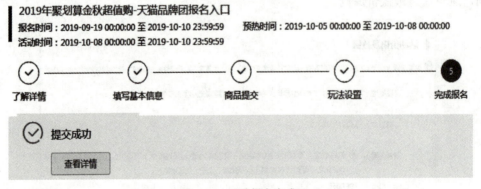

图 5-14　活动报名完成

2. 天天特卖

天天特卖由原来的天天特价升级而来，主要是为了扶持淘宝小卖家，为他们提供营销渠道，通过低价实惠来获得流量。天天特卖因其售卖的商品价格低廉而出名，以疯狂促销、应季精品、服务保障等特色吸引了众多消费者。

天天特卖活动的入口导航位置较突出，淘宝移动端首页下拉，PC 端淘宝网首页中部位置如图 5-15 所示；同时在首页搜索"天天特卖"可以直接进入天天特卖首页；另外在支付宝 APP 上也有相应入口；为应对下沉市场，淘宝还专门推出了淘宝特价版 APP，主要以天天特卖商品为主。

图 5-15　淘宝 PC 端天天特卖

1) 天天特卖的活动类型

(1) 一元秒杀。一元秒杀主打渠道内专享一元好货，为消费者提供超值的商品，在活动期内，所有商品价格均为一元。

(2) 一分兑。一分兑活动为天天特卖和淘金币合作推出的活动，致力于为消费者提供高性价比的商品，降低消费者选择成本；同时，官方会给消费者提供优质的服务体验保障。

(3) 主题团购。直降券活动聚焦真正高性价比的商品，通过一品一券的方式，为消费者提供更好的购物体验。

2) 天天特卖报名流程

商家参加天天特卖活动报名流程如下。

(1) 商家报名天天特卖活动，可以在营销活动中心报名，也可以在 PC 端天天特卖首页报名。商家进入天天特卖后台，可以看到天天特卖活动列表，如图 5-16 所示。

图 5-16　天天特卖活动列表

(2) 商家报名对应的活动，选择活动日期，报名成功后就可以在选择的日期进行天天特卖活动。浏览天天特卖招商规则，同意报名，点击"下一步"。报名流程分为四个步骤：了解详情、填写基本信息、商品提交、完成报名，如图5-17所示。

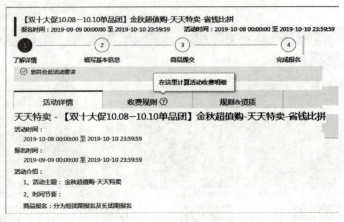

图5-17　活动报名流程图

(3) 天天特卖会根据商家情况提示商家是否符合报名要求、需要缴纳相应活动费用，提示商家商品是否符合报名条件，要求商家提交活动价格及数量、商品信息(商品标题、短标题、商品主图、商品透明图、商品利益点)等。

(4) 报名完成后，商家可以在天天特卖管理后台看到已经报名的活动列表，还可以通过右侧按钮对参加报名的活动进行操作，如图5-18所示。例如，可以撤销报名，也可以单击"商品编辑"按钮，对提交过程中不理想的地方进行修改。单击"商品详情"按钮了解当前报名活动的进度情况。

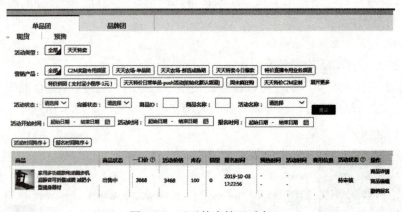

图5-18　天天特卖管理后台

活动报名完成后，要经历商家审核和商品审核两个环节。系统可以根据商家账号的信用度、历史违规情况很快做出商家报名是否成功的判断。但后续商品初审、终审还需要从商品日常销售情况、潜力等综合维度进行考量，所以初审和终审一般还需3～5天，审核完成后才能开始销售环节。

【课程思政案例】

某淘宝美妆店为了快速吸引消费者的关注，提高商品的销量，该店在所有商品标题和主图中都添加了"特价销售"等关键词，却并未对商品进行降价。这样的行为很快引起了淘宝的注意，经查证后，淘宝立即对该店铺进行了处罚。《中华人民共和国价格法》第十四条规定，经营者不得利用虚假的或者使人误解的价格手段，诱骗消费者或者其他经营者与其进行交易。在淘宝店铺运营中，特价促销十分常见，也非常容易吸引消费者的注意，但是，商家必须慎重使用"超值低价""特价"等价格用语，不能利用虚假的特价信息误导消费者进行消费。

▶▶🛒 第二节　网店营销工具

商家为了使店铺销售更好地达到预期效果，在引流推广或店铺活动环节都要适当地配合一定的营销手段，主要通过送优惠券、搭配销售、拼购降价等形式来实现，要配合完成这些营销活动就需要网店营销工具的支持。

一、网店营销工具介绍

网店营销工具是指在网店运营过程中从事营销活动所使用的工具。由于营销工具的设置既能体现一定的优惠力度，又有一定的时效限制，因此商家将这些营销工具与推广、活动配合起来使用，能起到促进客户购买、加大店铺转化率、提高客单价、促进关联消费、提升店铺业绩的目的。同时基于网络数字化特征，网店营销工具在优惠分发、定向投放、效果统计方面收效尤为突出。

二、网店营销工具类型

传统市场营销活动中，商家主要的营销形式表现为折扣券、减价优惠、组合销售、多买多送、赠品抽奖或团购活动，在网店运营中也同样存在这些形式，如淘宝的红包优惠券、拼多多的拼购等。下面以淘宝平台营销工具为例进行介绍。

淘宝平台为商家提供的营销工具主要有单品宝、店铺宝、搭配宝、优惠券、天猫国际包税工具等，这些在商家后台营销工具中心都有展示，如图 5-19 所示。

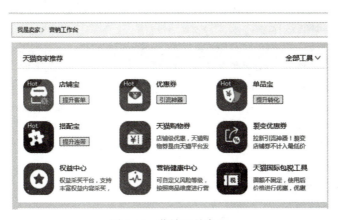

图 5-19　营销工具中心

1. 单品宝

1) 单品宝概述

单品宝是针对店铺某个商品灵活设置打折、减现、促销价的工具，是原来"限时打折"工具的升级版。商家应用单品宝对商品进行设置后，对应商品的前台会自动体现出打折优惠的效果。

2) 单品宝应用流程

打开营销工具中心，选择单品宝，单击"＋创建新活动"按钮，其流程主要包括活动设置、选择活动商品、设置商品优惠三个步骤（见图 5-20）。随着系统升级，目前淘宝已经把单品宝升级为粉丝专享价、会员专享价、新客专享价及老客专享价等多种应用场景。

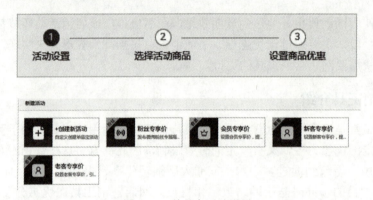

图 5-20　单品宝活动设置

(1) 活动设置。对单品宝活动进行设置需要填写活动名称、活动描述，选择开始时间、结束时间、优惠级别、优惠方式、定向人群及包邮与否。优惠级别可以选择商品级或 SKU 级；优惠方式可以有打折（按折扣算），也可以直接减钱或者直接设置促销价；定向人群就如同直通车和钻石展位中的定向，可以让优惠投放人群更精准一些，这里的定向选择相对简单。图 5-21 所示为基本信息设置页面。

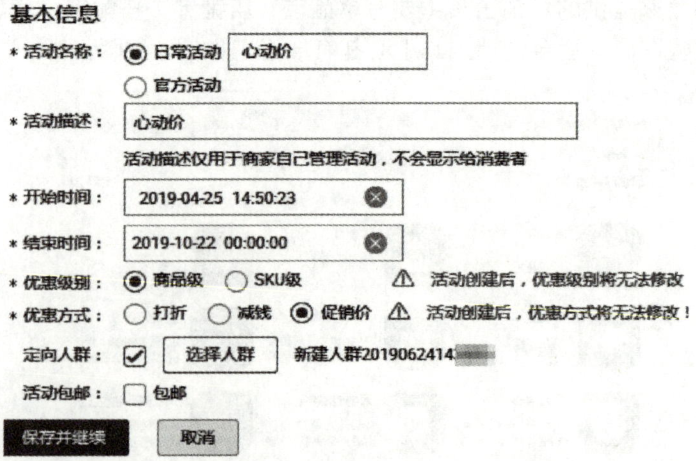

图 5-21　基本信息设置

(2) 选择活动商品。选择需要设置优惠的商品 (见图 5-22)，可以选择一个商品，也可以同时对多个商品进行设置。其设置的最终效果体现在各单品页面。

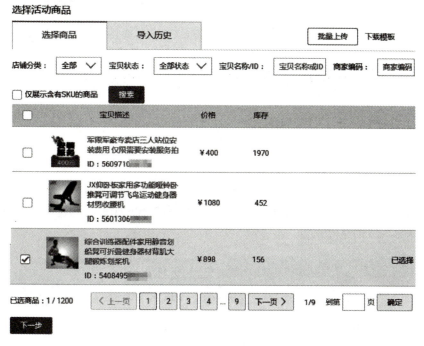

图 5-22　选择活动商品

(3) 设置商品优惠。基于上面选择的优惠方式设置对应的促销价即可，同时可以设置商品优惠 (见图 5-23)，然后进行保存。

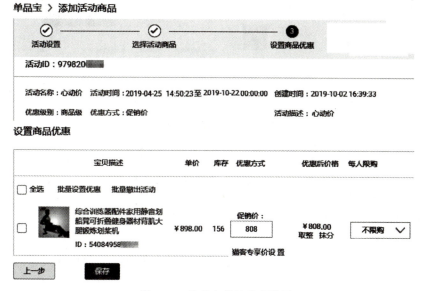

图 5-23　单品宝商品优惠设置

后台就会显示对应的单品宝活动管理列表，后续还可以根据需要对活动进行修改、删除、暂停，如图 5-24 所示。

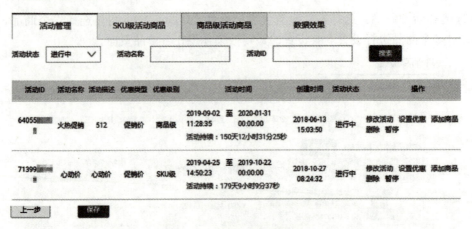

图 5-24　单品宝活动管理后台

(4) 完成设置。上述设置完成后，商品展示页面就会出现对应的优惠，如有价格、促销价等，如图 5-25 所示。

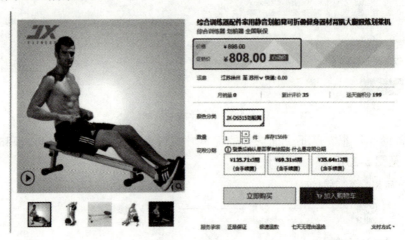

图 5-25　商品展示

3) 单品宝的使用技巧

商家设置商品优惠价是网络零售中常用的单品促销手段，在使用过程中需要掌握以下技巧：

(1) 单品宝活动类型的选择取决于营销目的。以拉新促销为目的的可以设置价格为新客专享价，以回馈激活客户为目的的可以选择会员和老客户专享价，以提升内容为目的的可以设置价格为粉丝专享价。

(2) 可以设置限时抢购，在一定的时间段内打折让客户抢购，抢购是有限的，但是带来的商机与客户是无限的。

(3) 设置更高的原价格，让客户进行原价和活动价的对比，突显商品优惠的力度很大。

(4) 低价促销，比如说，超值一元购，用价格低的商品来吸引客户，通过带动店里其他商品的销售量来增加店铺收入。

(5) 设置临界价格，如把 10 元的商品改成 9.9 元，100 元的商品改成 99.9 元，虽然只相差了一毛钱，但是作用还是很明显的。

2. 店铺宝

1) 店铺宝概述

店铺宝是店铺级优惠工具，支持创建部分商品或全店商品的满减 / 满折 / 满包邮 / 满送权益 / 满送赠品等营销活动，是"满就减（送）"的升级版。店铺宝设置完成后，网店前台对应商品会自动体现对应优惠效果。

2) 店铺宝应用流程

商家进入营销工作台，打开店铺宝，可以根据营销目标选择满元减钱、多件多折、拍下立减、拍下送赠品、2 件 7.5 折等活动，如图 5-26 所示。

图 5-26　店铺宝活动选择

(1) 填写基本信息。

商家设置活动名称、开始时间、结束时间、是否活动预热、优惠类型及定向人群，如图 5-27 所示。

图 5-27　店铺宝活动信息设置

(2) 设置优惠门槛及内容。商家设置优惠条件、优惠门槛及内容，如图 5-28 所示。

优惠条件是指商家实施优惠的方式按照"满件优惠"还是"满元优惠"。其中优惠门槛是商家在设置优惠条件的基础上对"满件"和"满元"的具体要求。优惠内容包括减钱、包邮、送赠品、送权益、送优惠券等，商家可以根据客户偏好进行设置。其中赠品必须选择商家发布在"其他 > 赠品"或"其他 > 搭配"类目的商品，而送权益则需要商家提前签约，送优惠券必须建立在设置过优惠券的基础上，当然商家也可以将多项优惠内容累加，同时可以在此基础上设置二级、三级优惠，最多可以设置五级优惠。

总之，在设置此步骤的过程中，商家要充分考虑优惠力度对客户的诱惑力及商家的利润情况。

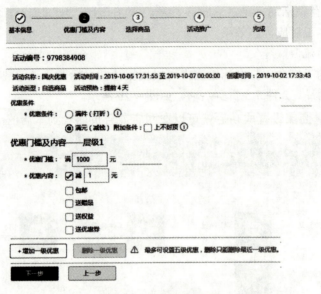

图 5-28   设置优惠内容

(3) 选择商品。商家可以选择参与活动的商品，可以选择全部商品，也可以选择部分商品，如图 5-29 所示。

图 5-29   选择商品

(4) 设置活动推广。商家可以进行活动推广，为活动争取更多流量，也可以选择福利中心推广的方法增加活动宣传的覆盖面。活动推广设置页面如图 5-30 所示。

图 5-30　活动推广设置

(5) 设置完成。商家设置成功后就可以在网店前台页面看到本店的活动了，如图 5-31 所示。

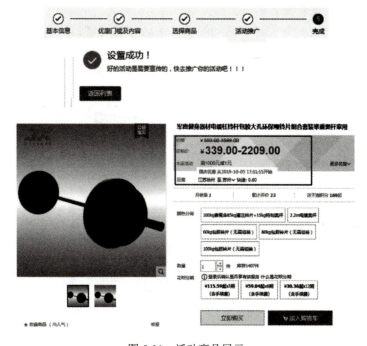

图 5-31　活动商品展示

【拓展知识】

单品宝和店铺宝的区别

1. 功能不同

单品宝在结合人群上做的是比较到位的，商家可以通过单品宝对指定人群进行营销。比如，针对价格敏感人群可以对库存商品进行大幅折扣优惠活动；而对老客户人群则尽量推送一些新品促销活动，促销效果上体现得更加明显。店铺宝的优惠方式主要包括满件打折以及满元打折，在功能上要比单品宝更为丰富。

2. 针对对象不同

单品宝和店铺宝针对的对象是不同的，前者面向单品，后者面向店铺。因此，商家在选择的时候一定要结合自身店铺的需求，如果盲目选择很容易适得其反。

3. 搭配宝

搭配宝是提供给商家的一款比较实用的促进客户关联消费的营销工具。商家将不同的商品进行组合搭配，通过套餐的搭配可以提高客户整体购买商品的性价比，通过时效性限制来调动客户的购物热情，不仅可以提升商家的店铺转化率，同时有利于提升客户购买的客单量，是"搭配套餐"的升级版。

商家在设置搭配套餐时要注意，搭配成套餐的商品最好是同类型商品或相关联商品，如"手机和耳机""餐桌和餐椅"等商品的搭配组合形式。其操作流程比较简单，如图 5-32 所示。

(1) 选择商品。商家在营销工作台中进入搭配宝创建搭配套餐，选择需要组合的商品，一个套餐最多可以将 8 个商品搭配在一起。

(2) 设置套餐。设置套餐名称、套餐类型和活动信息。

(3) 设置优惠。设置套餐优惠和活动时间。活动时间的限制和预热时间的把控可以有效地调动客户的购买热情。

(4) 完成并投放。商家设置完成后投放，就可以在网店前台页面看到本店的套餐活动。

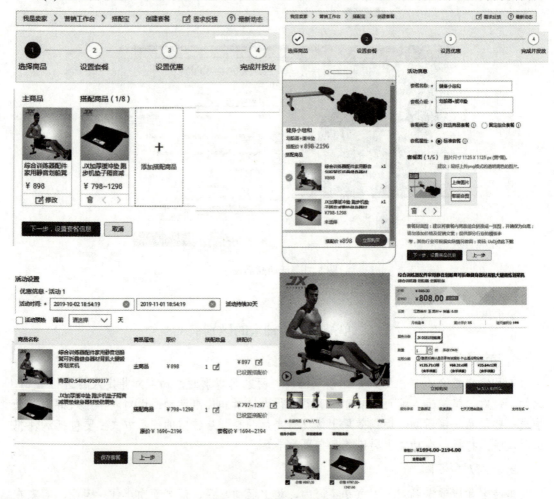

图 5-32　搭配宝设置流程

4. 优惠券

1) 优惠券概述

优惠券是商家常用的营销工具，可以在消费者购买商品时自动抵扣一定的金额。网店可以为不同的消费者设置不同的优惠额度，既可以独立使用促进客户快速下单，又可以结合店铺宝、购物车营销等多种场景使用，应用比较灵活。

2) 优惠券的设置流程

优惠券的设置流程如下：

(1) 商家进入营销工作台页面，选择"优惠券"栏目，然后单击创建对应优惠券。优惠券类型主要包括店铺优惠券、商品优惠券、裂变优惠券三种。

【拓展知识】

优惠券的类型

① 店铺优惠券是指整个店铺商品都参与，只要买家购买金额达标就可以通用，无论是买一个链接的商品还是多个链接的商品。

② 商品优惠券是需要选定活动范围内的商品才会参与，可以设置单个商品，也可以设置多个商品同时参加一张券。

③ 裂变优惠券是互动新增的奖项类型，用户抽中裂变券后，分享给好友，会裂变出新券由好友获得，同时用户自身的券面值也会提高，直到优惠券面值达到上限。在这个多人参与的过程中，通过消费者的分享产生社交裂变，为商家拉来新客户。

(2) 创建店铺优惠券时设置的主要内容包括推广渠道、基本信息(优惠券名称、使用时间)、面额信息(优惠金额、使用门槛、发行量及每人限领)，如图 5-33 所示。下面重点介绍优惠券推广渠道。

图 5-33　店铺优惠券的设置

① 全网自助推广。全网自助推广是优惠券在公开渠道应用的一种形式，主要是指优惠券创建以后会自动在商品搜索结果页或者商品详情页标题下面直接显示，客户可以自主领取使用，如图5-34所示。

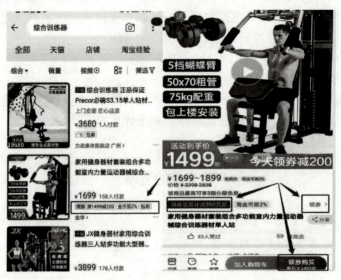

图 5-34　全网自助推广优惠券

② 官方渠道推广。官方渠道推广是优惠券在特定场景公开应用的一种形式，主要应用于淘宝官方场景。图5-35所示为官方渠道推广应用场景，包括官方活动招商、阿里妈妈推广、店铺宝满就送等。例如在介绍聚划算玩法设置时提到的优惠券可以在"官方活动招商"选项中进行设置；在淘宝客推广营销计划、团长活动里的优惠券可以在"阿里妈妈推广"选项中进行设置；店铺宝中使用的优惠券也对应这里的"店铺宝满就送"选项。在官方渠道推广下，选择对应的应用场景设置相应的优惠券，然后在应用阿里妈妈、官方活动、店铺宝的时候就可以直接调用。

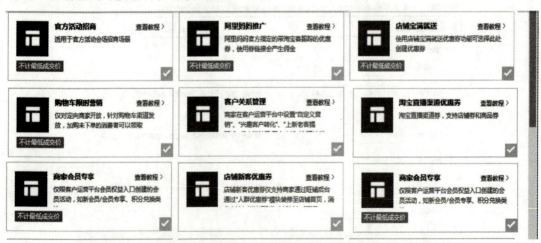

图 5-35　官方渠道推广应用场景

③ 自有渠道推广。自有渠道推广是优惠券非公开应用的一种形式。商家创建优惠券后，会生成优惠券链接，然后商家可以使用通用领券链接，也可以给老客户发送一次性链

接，如图5-36所示。

图 5-36　自有渠道推广优惠券

除了官方配套的营销工具外，在淘宝服务市场交易平台还有第三方提供的各种各样的服务工具 (见图5-37)，同样可以帮助商家实现限时打折、打折促销、首件优惠、自动评价等诸多功能，满足商家多种场景的使用。

图 5-37　第三方服务工具

 本章回顾

在网店运营的过程中，促销活动和营销工具是激活老客户、拉动新客户的有力手段。促销活动的实施不仅可以大大促进店铺销售转化，而且有助于商家迅速提升其品牌影响力。在网店运营的发展过程中，从淘宝的天天特价、聚划算开始，促销活动已成为网店运营日常工作的一部分；同样在引流推广或店铺活动环节中也需要适当地配合一定的营销力度，商家主要通过送优惠券、搭配销售、拼购降价等形式来实现，要配合完成这些营销活动也需要网店营销工具的支持。

思考练习

1. 找到两家同类型的淘宝网店，其中一家为消费者关注度高的网店，另一家为消费者关注度低的网店。要求：分别总结二者常用的网店促销手段，并分析各自的差异。

2. 小张在淘宝有一家 3 星网店，店内商品单价均在 50 元左右，其中，主推商品价格为 55.9 元。为了进一步提高网店的销量，小张计划报名参加天天特卖活动，但不知如何选择商品，请给出你的建议。

3. 阅读材料，回答问题。

张章经营的淘宝网店第一次参加淘宝大促活动，他并没有意识到大促活动的重要性，因此没有做好大促活动的前期准备，也没有制订相应的营销计划。等到大促活动真正开始后，他才发现网店不仅商品购买率低，就连平时优质的客户服务也出现了问题。

大促活动结束后，张章总结了问题的原因，并对大促活动的运营方式与技巧进行了学习和总结。在第二次参加淘宝大促活动时，张章根据网店的条件量身制订了一套促销方案，取得了不错的成绩。

在张章看来，大促活动中最重要的阶段便是蓄水期和预热期。只有了解了大促活动的规则和玩法，做好充分的准备和全方位的预热，才能取得理想的促销效果。

问题：

(1) 分析提前为大促活动做准备的意义。

(2) 分析大促活动各阶段的特点，以及每一阶段的注意事项。

参考答案

第六章　网店内容营销

学习目标

1. 了解网店内容营销的概念和重要性。
2. 掌握网店内容营销的渠道。
3. 能运用相关知识分析用户习惯。
4. 掌握图文营销和短视频营销的技巧。

思政目标

1. 教育学生开设网店务必严格遵守平台各项内容渠道发布规范，提升规则意识。
2. 学习以创新为导向，以优质内容为核心，紧跟时代潮流。

 ## 知识结构图

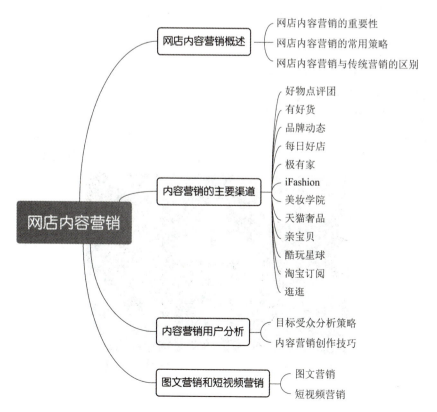

案例导入

　　小白大学毕业后开了一家网店，专卖新款女鞋。从网店规划到正式开业，忙碌了两个月。然而新店开了一个月，浏览量却寥寥无几，小白很是着急，正好她的一个亲戚的朋友也开网店，生意还不错，于是小白虚心向亲戚的朋友请教，获益匪浅。小白从内容营销做起，先完善了商品信息，修改了搜索关键词，又搞了店内促销活动，限时打折，搭配套餐，满就减现金，满就免邮费等。经过一系列营销活动，销量果然提升了一些。

　　思考题

　　如果你有一个女装网店，你打算怎么做好内容营销呢？

▶▶ 🛒 第一节　网店内容营销概述

　　网店内容营销是指在电子商务平台上通过创建和管理各种形式的内容来吸引、培养和保留目标受众，以促进销量和提升用户体验的活动。

一、网店内容营销的重要性

　　网店内容营销是指在电子商务平台上创建、优化和推广各种形式的内容，以吸引、引导和转化目标受众，提升品牌知名度、用户参与度和销售效果的一种营销策略。网店内容营销对网店经营至关重要。

　　内容是吸引用户访问和参与的重要因素，有趣、有用、有价值的内容能够吸引潜在顾客的注意力，促使他们主动进入网店平台进行浏览和购买。如图 6-1 所示，"男人装"用独特的品牌创意吸引用户。通过精心设计的内容，可以塑造和传达品牌的独特声音、价值观和个性，帮助建立品牌形象和认知，增强用户对品牌的信任和好感，从而提升品牌的知名度和影响力。高质量的内容能够吸引用户的互动与参与，如评论、分享、点赞等。通过与用户的互动，可以增加用户黏性和忠诚度，激发用户的购买欲望，进而提高转化率和重复购买率。

图 6-1　"男人装"独特的品牌形象创意

网店内容营销不仅仅是为了推销产品，更重要的是提供用户价值。通过提供有关产品功能、使用指南、行业知识、解决痛点的内容，能够满足用户的需求，为用户提供有用的信息和帮助，增强用户对品牌的认可和信任。

综上所述，网店内容营销在提升品牌知名度、用户参与度、搜索可见性以及提供用户价值方面起着至关重要的作用。通过有效的内容策略和创作，网店平台可以与目标受众建立良好的互动关系，促进销售增长和业务发展。

二、网店内容营销的常用策略

内容运营在网店领域中具有重要的作用，它可以通过提供有价值的信息、创建引人注目的视觉和文案内容来吸引潜在客户，并促使他们购买或采取其他行动，图6-2所示为内容营销对企业和用户的不同作用。

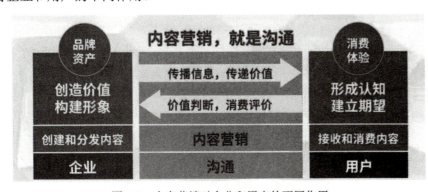

图6-2 内容营销对企业和用户的不同作用

以下是网店内容营销的关键方面和策略。

1. 内容策划和创作

内容营销需要对目标受众进行深入了解，并基于他们的需求和兴趣制订内容策略，包括创建产品描述、购买指南、用户评价、品牌故事等不同类型的内容，以达到吸引用户并提升用户购物体验的目的。

2. 视觉内容的设计

宣传图片和视频在网店平台上扮演重要角色，其应具有视觉吸引力，清晰度高，内容与品牌形象一致，并能够有效地传递产品的特点和价值。

3. 社交媒体推广

利用社交媒体平台(如微博、微信、Instagram 等)来分享有关产品、促销活动和品牌故事的内容，以吸引受众并引导他们到网店平台上进行购买。

4. 数据分析和优化

使用数据分析工具来了解用户的购买行为、购买习惯和偏好，以便持续改进和优化内容策略，并提供更个性化的用户体验。图6-3所示为某网店产品数据分析维度。

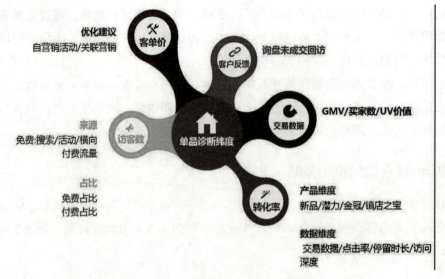

图6-3　某网店产品数据分析维度

总体来说，网店内容营销是一个综合性的工作，需要将市场营销、创意设计和数据分析结合起来，以满足用户需求，提升品牌形象，促进销售增长，实现网店平台的商业目标。如图6-4所示为内容营销常见策略。

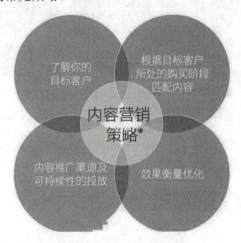

图6-4　内容营销常见策略

三、网店内容营销与传统营销的区别

这两年，内容营销市场规模飞速增长，不止是短视频和直播这种新的营销形式大行其道，图文等旧营销形式也一样发挥着举足轻重的作用。越来越多的品牌在经营过程中开始注重内容营销，因为内容营销能影响消费者的购买决策，而且不夸张地说，很多品牌和企业都是通过内容营销这张王牌来实现引流和转化的。

简单来说，内容网店就是以用户取向为核心，它利用大数据，为各个人群打上各类型标签并进行分类，再针对各个人群的兴趣点进行内容输出，最后引导用户消费。图6-5所示为淘宝618内容营销。

图 6-5 淘宝 618 内容营销

线上零售经历十年的发展，从货架式售卖平台逐渐转型为"社区化""内容化"的购物平台，其核心是价值性内容的创造与需求的个性化匹配。

内容网店和传统网店区别很多，主要有以下方面。

(1) 目标受众定位不同。传统营销通常采用大规模的广播式宣传，面向广泛的受众，希望能够触达尽可能多的人群；而内容营销更注重细分目标受众，通过有针对性的内容制作和定向投放，吸引和引导特定的潜在客户群体。如图 6-6 所示为某品牌确定的目标消费者。

图 6-6 某品牌确定的目标消费者

(2) 内容形式不同。传统营销主要依赖于传统媒体和渠道，如电视广告、报纸杂志、宣传单页等；而内容营销则更多地利用数字媒体和在线平台，如社交媒体、博客、视频平台等，通过各种形式的内容制作和分享来吸引用户。

(3) 互动性和参与度不同。传统营销通常是单向的，企业向受众传递信息，受众只是被动接收；相比之下，内容营销更加注重互动和参与度，通过有趣、有用的内容创作，鼓励用户评论、分享、互动，建立更积极的互动关系。

(4) 测量和反馈难度不同。传统营销的效果往往较难测量和跟踪，难以准确评估投资回报率；而内容营销可以利用各种分析工具和数据指标来跟踪用户行为、参与度和转化率，实时评估营销活动的效果，并根据数据反馈对营销方案进行优化和调整。

(5) 长期效果和品牌建设不同。传统营销往往侧重于短期销售效果，通过刺激购买行为来实现即时的销售增长，如图6-7所示为售楼传统营销方式；而内容营销更注重长期的品牌建设和用户关系的培养，通过提供有价值的内容，增强品牌知名度和用户信任，从而实现持续的业务增长。

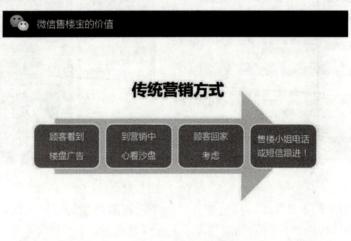

图 6-7   售楼传统营销方式

(6) 主观能动性不同。传统网店被动性强。用户已经决定自己需要什么商品，然后通过搜索引擎搜索商品信息，进行比较后再选择购买。内容网店的主动性强。内容网店引导消费者的购物逻辑比传统网店更主动，商家产生具有吸引力的商品软文内容来引流和转化。内容网店因为具有长尾效应，只要内容足够优质，是可以不断激发新用户的消费可能性的。内容网店通过直播和短视频塑造全新的购物场景，激发新的消费可能性。

需要注意的是，传统营销和内容营销并不是对立的关系，而是可以互相结合和协同运用的。在实际营销中，可以根据不同的产品、目标受众和市场环境，采用不同的营销策略和方法，最大程度地实现营销目标。

 第二节   内容营销的主要渠道

内容营销的渠道有很多，如好物点评团、有好货、品牌动态、每日好店等。

一、好物点评团

好物点评团是淘宝移动端的经验分享平台，汇集了各类热门、新鲜、有消费引导性的生活资讯。发布在好物点评团中的内容主要分为两类：一类是有消费者引导性的生活资讯，另一类是经验指导性文章。

1. 好物点评团的展示位置

好物点评团位于商品详情页消费者评价的下方、网店名称的上方。图 6-8 所示为好物点评团的展示位置和页面。

图 6-8　好物点评团的展示位置和页面

好物点评团中的内容通常都切中了消费者对商品某一方面的需求，语气诚恳，有助于引导消费者购买。而且，在好物点评团的内容详情页有"去购买"的超链接，起到缩短消费者思考时间、降低跳失率的作用。

2. 好物点评团设置流程

进入千牛卖家工作台，单击"店铺管理"面板中的"店铺装修"超链接，打开淘宝旺铺管理页面。选择"商品装修"选项卡，打开"商品装修"设置页面，在"宝贝详情"面板中单击"操作"栏下的"更多"下拉按钮，选择"关联好物点评"选项，如图 6-9 所示。

图 6-9　选择"关联好物点评"选项

二、品牌动态

品牌动态是深度解析品牌理念、分享优质品牌的内容型导购渠道，其目标人群是高端消费者、追求高品质的人群。品牌动态以图文的形式向消费者分享高品质品牌，从而引起消费者对该品牌的兴趣。例如，图 6-9 所示为品牌动态在淘宝移动端的展示页面及内容详情页，该家纺品牌以睡眠为切入点，通过分享如何选择床品来介绍该品牌的核心价值，从而引起消费者对品牌的兴趣，激发消费者的购买欲望。

图 6-9　品牌动态详情页

三、每日好店

每日好店为消费者分享不同的网店，并以趣味十足的语言吸引消费者，引导消费者点击和购买商品。图 6-10 所示为每日好店在淘宝移动端的展示页面（右图）及网店分享详情页面（左图），在网店分享详情页面中，商家通过阐述网店的品牌故事，将网店质朴、自然的风格展示得淋漓尽致，从而吸引喜欢此风格的消费者点赞、收藏、进店购买。

一般来说，如果商家的网店是以下类型中的任一种，就可以尝试在每日好店中进行营销：小众优质品牌、原创设计店、手工艺术品店、特殊风格的网店、领域专家的网店。

图 6-10　每日好店详情页面

四、极有家

淘宝极有家是淘宝平台推出的家居生活类购物频道，图 6-11 所示是其图标。它成立于 2015 年，旨在为广大消费者提供全方位的家居生活购物体验。极有家的商品涵盖了家具、厨具、餐具、床上用品、家纺、清洁用品等。从产品的定位来看，淘宝极有家对商家设置了一定的入驻门槛，仅限符合要求的家居装饰、餐饮服务等商家。

图 6-11　极有家图标

1. 极有家内容营销类型

(1) 单品测评。在进行内容输出时，如果是对单个商品进行测评，那么商家需要结合竞品对该商品进行全面的比较和分析，给消费者分享专业、全面的资讯。

(2) 场景方案。如果是为某一具体家装场景提供解决方案，那么商家需要提出专业、务实的解决方案；同时，可以在方案中推荐相应的商品。

2. 极有家活动参与途径

在阿里创作平台首页的"精选热门活动"面板中单击"查看更多活动"超链接，在展开的面板中选择可参加的极有家活动，并单击"立即参与"按钮参与活动。

也可在阿里创作平台首页左侧的导航栏中单击"投稿"栏下的"活动投稿"选项，在展开的面板中单击"邀请我的活动"选项卡，选择可参与的极有家活动，单击"立即参与"按钮参与活动。

五、iFashion

如图 6-12 所示，iFashion 定位为潮流风格、美感搭配，是淘宝专为追求时尚的年轻群体打造的服饰搭配内容导购渠道，主要包括时尚短视频 (右图)、时尚店铺 (左图) 和今日穿搭 (中图) 三个板块。

(1) 时尚短视频 (iFashion TV)。时尚短视频精选了内容营销者投递的穿搭短视频。

(2) 时尚店铺 (iFashion Shop)。时尚店铺板块按照店铺的不同风格及近 365 天的复购率对店铺进行综合排序，以排名的高低反映店铺的质量，从而为消费者选择店铺提供依据。

(3) 今日穿搭 (iFashion OOTD)。今日穿搭提供的是时尚单品。

图 6-12　iFashion 三大板块

六、美妆学院

目前美妆学院的商品是系统抓取的，无法自主报名。如果想被系统抓取，那么对应淘宝店铺要报名美妆学院，还需要提供淘宝卖家的身份证、组织机构代码证、税务许可证、公司银行开户许可证、代购专柜所在商场开具的增值税发票、淘宝增值税发票所对应的化妆品购货清单才可以入驻。一般提交资料之后两个小时就可以通过认证。认证通过后，店铺内的商品才有可能被系统抓取。美妆学院以真实分享、知识教程和榜单盘点为主，专注于美妆分享，从美妆教学教程、美妆商品测评、真实变美心得三个方面全面向消费者普及美妆知识。

七、天猫奢品

天猫奢品是以品牌好物推荐为主的内容型导购渠道，旨在为追求高品质的人群提供权威、高端、时尚和潮流的内容，以图文的形式向消费者传递品牌的价值。内容营销者在天猫奢品中投递推荐商品时，用故事性、场景性的内容对商品进行包装更容易让消费者接受所推荐的商品。

内容营销者可以在阿里创作平台参与天猫奢品活动，在打开的活动投稿页面中单击"邀请我的活动"选项卡，找到天猫奢品活动，单击"立即参与"按钮参与活动，如图6-13所示。

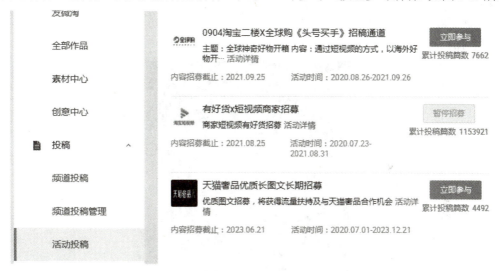

图 6-13　参与天猫奢品活动

八、亲宝贝

亲宝贝的定位是面向80、90后，为追求品质和时尚的妈妈们提供专业母婴导购服务的平台。这个平台对品牌、品质、服务全方位升级，并打造新型消费路径和互动模式，提升消费者的购物体验。亲宝贝提供了直播和图文两种内容呈现方式，分别在直播和育百科两个板块中展示。

直播板块汇集了与亲子教育、育儿相关的大量网店，消费者在"我的"板块记录孩子的成长历程后，淘宝将根据孩子所处的阶段向消费者推荐适合的网店直播，以直播的形式向消费者推荐商品。

育百科板块中汇集了上万篇有关育儿专业知识的文章，这类文章侧重于讲解育儿过程中的安全健康、洗护喂养等方面的知识，并在讲述的过程中向消费者推荐相关的商品。

图6-14所示为亲宝贝的内容详情。

图 6-14　亲宝贝的内容详情

九、酷玩星球

酷玩星球是以电子产品、科技和二次元相结合的商品分享为主的内容型导购渠道，其主页面如图 6-15 所示。其旨在为追求科技感的人群推荐符合心意的电子产品。酷玩星球以商品评测和新品直接推荐为主，通过某一电子产品的评测短视频以及新品的推荐榜单两种形式向消费者推荐电子产品。

图 6-15　酷玩星球

十、淘宝订阅

淘宝订阅指淘宝用户订阅某个淘宝店铺之后，就能收到该淘宝店铺的活动优惠信息、新品上架以及畅销商品等推送信息。淘宝掌柜可以向用户的旺旺或者用户挑选的邮箱里发送一些促销的信息。

1. 订阅入口

订阅是淘宝移动端的一个重要组成部分，也是一个不可缺少的平台级私域阵地，其入口位于淘宝移动端顶部的导航栏中。对于商家而言，订阅是重要的关系人群运营阵地，通过订阅首页、订阅列表及网店动态三大场景互联，搭建起较为完整的关系矩阵。订阅页面如图 6-16 所示。

(a) 订阅首页　　　　　　　(b) 订阅列表　　　　　　　(c) 网店动态

图 6-16　订阅页面

2. 引导粉丝订阅

商家参与订阅运营的前提是有一定的粉丝基础，商家所积累的会员和活跃粉丝可以带来大量的流量。引导粉丝订阅后，商家积累的粉丝可以在"我的淘宝→订阅店铺"中得到展现，积累的活跃粉丝可以在"订阅→常访问的"中得到展现，发布订阅动态后可以在"订阅→最新动态"中得到展现。

3. 发订阅

为了方便商家获取订阅渠道的流量，订阅为商家提供了多种内容发布工具，主要包括货品动态、导购内容、互动玩法和人群权益四种类型，如图 6-17 所示。

(1) 货品动态。货品动态是以发布新品动态为主，为商家提供发布多品上新、多品预上新、新品买赠、新品首发、清单等信息的工具。

图 6-17　淘宝订阅

(2) 导购内容。该功能为消费者提供搭配、评测的图文、视频，商家可以使用图文搭配、视频搭配、视频评测和买家秀等工具发布与商品相关的导购内容。

(3) 互动玩法。互动玩法为商家提供了多元化的互动方式，商家可以使用网店派样等工具与消费者互动。

(4) 人群权益。人群权益旨在为商家提供服务于不同消费者的差异化权益，实施精细化运营。

下面以多品预上新为例介绍发布订阅的方法，具体操作如图 6-18 到图 6-26 所示。

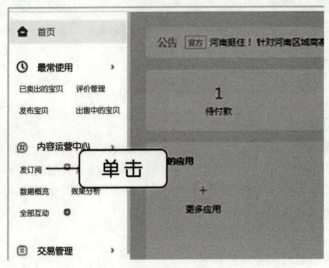

图 6-18　单击"发订阅"超链接

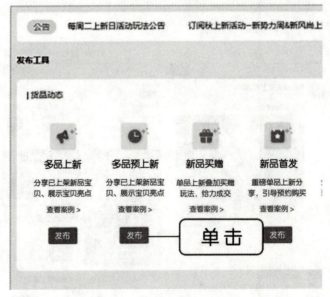

图 6-19　单击"发布"按钮

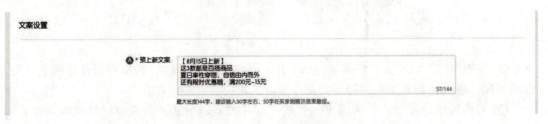

图 6-20　输入预上新文案

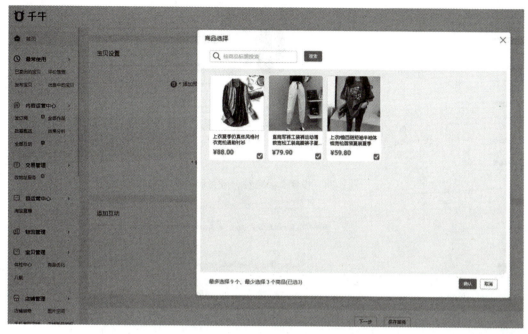

图 6-21 选择预上新的商品

图 6-22 单击"选择配置"超链接

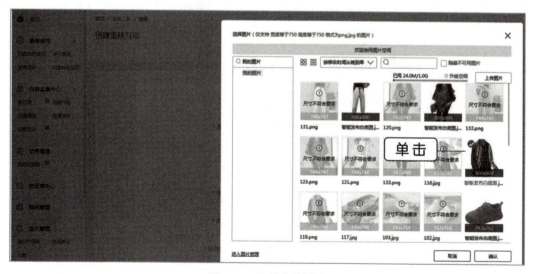

图 6-23 选择奖品图片

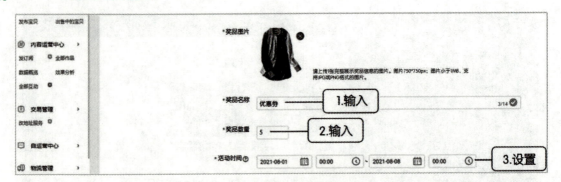

图 6-24　设置奖品名称、数量和时间

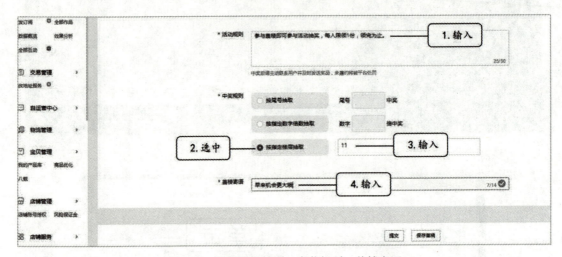

图 6-25　设置活动规则、中奖规则、盖楼寄语

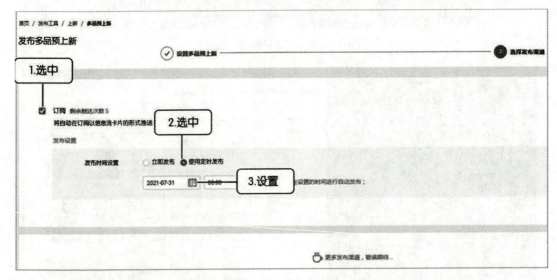

图 6-26　选择发布渠道

4. 订阅运营策略

在订阅日常运营过程中，商家可以以周为单位来规划每天的发布内容，以吸引消费者

持续关注,提高店铺的转化率。与此同时,淘宝官方为了扩大订阅的影响力,也出台了一系列的扶持计划,并且会不断策划不同的官方活动,例如8月订阅上新日活动等。符合资质的商家应当尽量参加,以获得淘宝官方的支持。

1) 规划每周订阅内容

在规划每周订阅内容时,商家可以细化到具体的时间段,并根据消费者的访问习惯、购买习惯安排各时间段的发布内容,且每个时间段的发布内容应固定。为了找准合适的发布时间,商家应对每一个时间段进行测试,选取效果好的时间段。订阅每天的发布条数受商家等级等因素的影响,并非固定不变。

2) 参与官方活动

商家可以通过"千牛卖家工作台→内容运营中心→发订阅→公告"途径实时了解官方发布的订阅活动,进入千牛头条页面选择想要参加的活动,了解相关的要求后发布符合要求的订阅内容则视为参与活动,也可通过提供的链接发布符合规定的订阅内容。

也可在"发布工具"面板下方的"内容运营策略→订阅"面板中查看淘宝提供的内容运营策略,如图6-27所示;或者单击"内容运营策略→订阅"面板左上方的"更多"超链接打开策略中心,查看并完成相应的任务,以获取更多的流量。

图6-27 查看内容运营策略

十一、逛逛

逛逛是淘宝移动端的一个内容信息流平台,包含达人内容和商家内容。内容的形式有图文、短视频,便于买家观看、浏览、点赞、评论、互动,最终实现购买。也可以说淘宝希望更多买家在逛逛内被达人和商家所发布的内容激发购物欲,然后可以在淘宝买到优质有用的商品。

1. 逛逛入口

逛逛是淘宝移动端的主要模块之一,同订阅一起构建起淘宝移动端的内容矩阵,其入口位于底部的导航栏中。

2. 逛逛的推荐逻辑

逛逛基于消费者"逛"淘宝的习惯,营造购物"现场感",根据消费者的购物特性、购物偏好等向消费者推荐相应的内容,如图6-28所示。逛逛推荐的先后顺序由内容质量决定,内容质量越优则越优先推荐。对内容质量的判断由淘宝内容审核标准及内容的互动率共同决定,质量越优的内容越容易获得在公域渠道展示的机会。一般来说,内容精选率在80%以上的为优秀内容。

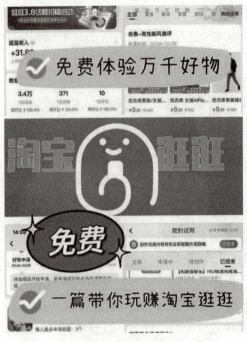

图 6-28   淘宝逛逛

3. 发布逛逛

拥有淘宝账号的消费者也可以在逛逛中发布内容，通过"淘宝移动端—逛逛—个人中心—立即发布"路径可以在逛逛中发布内容，发布的内容会自动流入逛逛。

▶▶ 🛒 第三节   内容营销用户分析

用户分析是内容营销策略中很重要的一步，它有助于确定营销的对象，并制订相应的策略来满足他们的需求和期望。

一、目标受众分析策略

深入了解目标受众并制订相应的策略，可以更好地满足消费者的需求，提高内容营销的效果和转化率。

1. 网店营销内容的创作过程

网店营销的内容创作与策划是非常重要的，可以帮助网店吸引潜在客户、提高品牌知名度，并激发购买行为。以下是一些关键步骤和建议，可用于网店营销的内容创作与策划。

(1) 确定营销目标。首先要明确营销目标，是增加销售量，提高品牌认知，增加订阅，还是提高用户参与度。明确目标将指导内容策划思路并为内容创作提供方向。

(2) 研究目标受众。深入了解和研究目标受众，了解他们的兴趣、需求、喜好、购买行为等，通过市场调研、数据分析、社交媒体洞察等方式获取关于目标受众的信息。这有助于创作有针对性的内容。

(3) 确定内容主题和类型。基于目标受众的需求和喜好，确定适合的内容主题和类型。主题可能包括产品介绍、行业洞察、用户故事、生活方式建议、使用技巧等；也可以采用不同类型的内容，如文章、视频、图像、社交媒体帖子等，以迎合不同受众的喜好和消费习惯。

(4) 制订内容计划。制订一个详细的内容计划，包括发布时间、频率和渠道。这有助于保持内容发布的一致性，并确保内容策略与营销目标一致。制订内容计划还可以有效避免内容重复，为客户持续提供新鲜的、有价值的内容。表 6-1 所示为京东 618 活动时间表。

表 6-1　京东 618 活动时间表

阶　　段	开始时间	结束时间
预售期	5 月 23 日　20:00	5 月 31 日　19:59
开门红	5 月 31 日　20:00	6 月 03 日　19:59
主推期	6 月 04 日　20:00	6 月 15 日　19:59
高潮期	6 月 15 日　20:00	6 月 18 日　23:59
返场期	6 月 19 日　00:00	6 月 20 日　23:59

注：预售期付尾款时间为 5 月 31 日 20:00 后，大家不要错过哦。

(5) 编写引人注目的标题和描述。一个引人注目的标题和描述可以吸引目标受众的注意力，标题要简洁明了，能够传达核心信息，并激发受众的兴趣；同时，吸引人的描述要能概括性地介绍推销内容，并鼓励受众进一步点击了解。

(6) 优化内容质量。提供高质量的内容是至关重要的，要确保内容准确、有用、易读，并通过可视化元素 (如图片、图表、视频等) 增强用户体验。同时，要确保内容的排版整洁、易于阅读，并符合品牌风格。

(7) 与受众互动和促销。多多鼓励受众参与互动，例如留下评论、分享、点赞或提问，进而建立与目标受众的积极互动。同时，利用内容来推广促销活动、优惠码等，激励受众进行购买。如图 6-29 所示为某直播互动画面。

图 6-29　某直播互动画面

(8) 追踪和评估结果。通过追踪点击率、转化率、社交媒体分享率等指标，评估内容营销策略的效果；根据结果进行分析和改进，优化营销策略。

在网店营销中，内容创作与策划是个长期的过程，需要与目标受众保持良好的互动，不断优化和改进内容以吸引和保持用户的兴趣。综上所述，制定营销目标、了解目标受众、优化内容质量，以及与受众互动是网店营销内容创作与策划的关键步骤。

2. 目标受众分析策略及步骤

目标受众分析是内容营销策略中重要的一步，它有助于确定要针对哪些人群进行营销活动，并制订相应的策略来满足他们的需求和期望。如图 6-30 所示为淘宝用户群体分析。

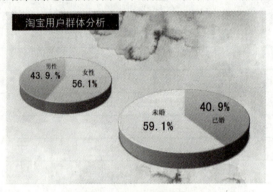

图 6-30   用户群体分析

下面是目标受众分析与策略制订的一般步骤。

第一，明确产品或服务所针对的受众。根据产品的特点和市场定位，确定主要的目标受众群体。这包括他们的年龄、性别、地理位置、职业、兴趣爱好等维度。

第二，了解目标受众的需求和偏好。进行市场调研和分析，深入了解目标受众的需求、期望和偏好。如图 6-31 所示为某网统计的受众人群典型媒介偏好。

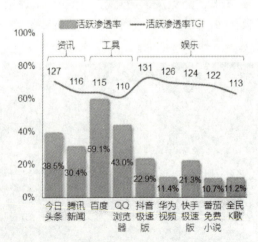

图 6-31   某网统计的受众人群典型媒介偏好

第三，制订策略与定位。基于对目标受众的深入了解，确定品牌形象和核心信息在目标受众中的定位，强调产品或服务的独特价值和与受众需求的契合度。再根据目标受众的渠道偏好和喜好，选择合适的营销渠道和传播方式，如公众号、博客、视频平台等。

第四，持续监测和优化。定期进行评估和数据分析，了解目标受众对于内容和营销策略的反馈。进而根据数据和反馈结果进行调整和优化，以提供更符合目标受众需求的内容，如图 6-32 所示为某火锅店反馈分析。

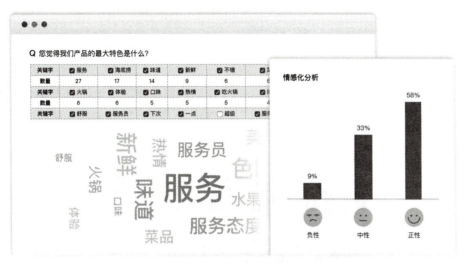

图 6-32 某火锅店反馈分析

总之，目标受众分析与策略制订的基本步骤包括定义目标受众、了解需求和偏好、制订策略与定位以及持续监测和优化。通过深入了解目标受众并制订相应的策略，可以更好地满足他们的需求，提高内容营销的效果和转化率。

二、内容营销创作技巧

当进行网店内容营销的创作时，创作者需要掌握一定的技巧和要点，下面简单介绍七个技巧。

(1) 确定独特的卖点。了解自己的产品或服务的独特价值，明确它们与竞争对手的区别，然后将这些卖点置于内容的核心，并突出强调。这有助于吸引潜在客户并建立品牌认知。

(2) 设置引人入胜的标题。标题是吸引读者点击和阅读的第一要素，应当设置引人入胜的标题，使用有吸引力、激发好奇心、具有情感或提供价值的词语；同时确保标题与内容相关，但不能使用夸张、误导性的描述。图 6-33 所示为女鞋商家的趣味性标题。

图 6-33 有趣的标题

(3) 提供有用的信息和解决方案。在网店内容营销中，提供有用的信息和解决方案是吸引潜在客户的关键，如创作实用的指南、教程，解决受众面临的问题，提供建议和技巧等。

通过向读者提供价值，可以建立他们对品牌的信任。

(4) 使用多样化的内容形式。在创作网店内容时，尝试使用多种形式的内容，如文章、视频、图像、漫画、案例研究等，能够吸引不同类型的受众，满足他们不同的喜好和消费习惯。

(5) 引用客户评价和证据。可以使用客户评价、满意度调查、获奖或认证等证据，作为增加信任和可信度的工具。这些证据可以帮助潜在客户更加了解产品或服务的优势，并促使他们做出购买决策。

(6) 故事化和情感化。通过故事化和情感化的手法，吸引读者的注意力并激发他们的情感共鸣。讲述真实的客户故事，分享与产品相关的情感经历，这将增加所发布内容的亲和力和感染力。图 6-34 中的文案将厨房场景拟人化，以一种陪伴家人的形式来诉说厨房的乐趣，使海报充满了家的温馨感。

图 6-34　会讲故事的广告海报

(7) 用数据支持观点。使用数据、统计数字、调研结果等有力的证据来支撑自己的观点和主张，这有助于增加内容的可信度和说服力，并建立起潜在客户对品牌的信任。

通过运用这些技巧和要点，可以更好地创作具有吸引力和影响力的网店内容，吸引潜在客户并推动转化。同时要持续监测和评估所发布内容的效果，并根据反馈及时进行调整和改进。

▶▶ 🛒　第四节　图文营销和短视频营销

以图文为载体的文案，更能吸引客户眼球。但不同国家，不同目标市场，应该要区别对待，因为文化有相容性，也存在排斥性。跨文化营销，可以拉近消费者的信任和好感，降低品牌被排斥的可能。

一、图文营销

1.淘宝的图文内容创作者

淘宝中的图文内容创作者主要分为两类：商家和淘宝达人。一般情况下，淘宝移动端首页的图文内容由淘宝达人提交和上传，商家以参加活动的形式上传或者在私域流量渠道发布内容后被淘宝抓取到公域流量渠道。图 6-35 所示为商家和淘宝达人推荐的内容展示。

图 6-35　商家和淘宝达人推荐的内容展示

2.图文营销趋势

1) 淘宝达人数量增加

作为淘宝主要内容创作者的淘宝达人，在淘宝上的注册人数已超过 100 万，得到淘宝官方认证的达人数已经超过 3 万。同时，淘宝培育了众多知名达人，其中，年收入超过百万元的已突破百人。

2) 图文营销渠道效用增强

为规范内容营销，淘宝对内容营销渠道进行了整合和分割，整顿之后的内容营销渠道针对性更强，人群触达效果也更加明显。

好物点评团、有好货、品牌动态等重要的图文营销渠道提供的图文内容更接近目标人群。

3.图文营销技巧

不同商品类目的图文营销趋势不同，只有采取合适的营销方式，才能使图文营销成功。表 6-2 所示为几种常见商品类目适合的图文营销方式。

表 6-2　常见的图文营销方式

商品类目	图文营销方式
服饰类	商家可以展示试穿、搭配等图文内容，并通过订阅、买家秀等形式吸引消费者
美妆类、小家电类	可以找淘宝达人合作，通过在图文中展示美妆的试色、小家电的评测等吸引消费者
食品类	商家自行在订阅发布买家秀、评测等图文内容
家居类	在发布图文内容时，可以采用能够展示商品整体和细节的图片，文字要结合商品图片进行详细介绍

1) 多渠道投放

淘宝中的内容营销渠道众多，其中有不少适合图文投放的渠道。为了扩大营销范围，商家可以多渠道投放，尽可能多地覆盖消费者能够接触的页面。同时，尽可能多地参与各渠道中符合参与要求的活动，以加深消费者的印象。

2) 与淘宝达人合作

淘宝达人在一定程度上发挥着意见领袖的作用，他们拥有大量精准的粉丝，且粉丝黏性较强，在所属领域很有影响力。商家可以选择与淘宝达人合作，提升商品和网店的曝光量，甚至可以联合众多淘宝达人推广商品和网店，从而扩大商品和网店的影响力。

二、短视频营销

精品化短视频的创作应该是：真挚且高尚的情感，丰富且有营养的内容，持续且向上的激情，全面且深刻的生活认知；注重思想的引领、文化的滋养、精神的支撑。

对高知识属性内容的追求推动了泛知识内容迅速增多，只有精品化内容才能突破圈层局限，才能形成文化影响力；只有精品化才能在鱼龙混杂的网络内容生态中得到认可。

1. 主图短视频

主图短视频位于商品详情页，打开商品详情页后淘宝将自动在商品主图位置播放主图短视频。主图短视频主要展示商品的功能、使用方法、制造技术等，让消费者进一步了解商品。主图短视频作为强有力的商品内容输出方式，其发布有着一定的要求。图 6-36 所示为电商做短视频的理由。

主图短视频的时长不得超过 60 秒，建议商家将时长控制在 30 秒左右，这样既能保证较为全面地展示商品，又不会因为时长过长而引起消费者的反感。

主图短视频的尺寸比例遵循淘宝对短视频尺寸的一贯要求，其尺寸比例应为 16：9、1：1 或 3：4。

主图短视频中的图像应清晰美观，无水印、无二维码、无片头与片尾，且不建议使用电子相册式的图

图 6-36　网店做短视频的理由

片翻页视频。

2. 详情页短视频

详情页短视频是对主图短视频的补充介绍。在详情页短视频中，商家可以对主图短视频中未提到的信息进行补充，包括商品的构造、使用场景、特点、制作流程等。例如，家居类商家可以在商品详情页中展示商品的具体安装步骤等。因此，商家要重视商品详情页短视频。

商家可以在详情装修页面发布商品详情短视频。下面以女装阔腿裤为例展示发布详情页短视频的步骤，详见图 6-37 至 6-39。

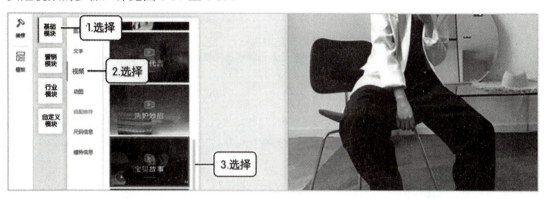

图 6-37 选择"宝贝故事"选项

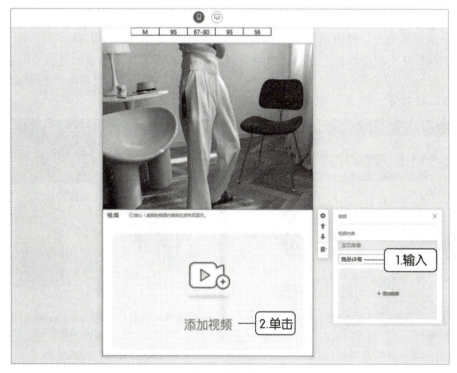

图 6-38 单击"添加视频"超链接

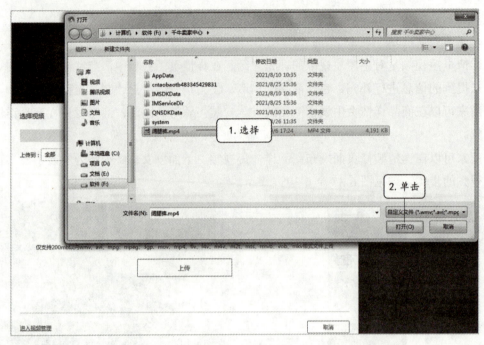

图 6-39　上传视频

3. "种草"短视频

"种草"短视频是对为商家引来公域流量的短视频的统称，这类短视频通常投放在哇哦视频频道、主要搜索结果页、淘宝移动端首页"猜你喜欢"、有好货频道渠道中，通常发布在公域流量渠道，吸引消费者观看短视频，从而提高商品的转化率。

哇哦视频是一款手机短视频 APP，是手淘内精品网店短视频内容的最核心阵地，前身是淘宝"爱逛街"，从 2019 年 10 月起，配合手淘首页改版，正式更名为"哇哦视频"。图 6-40、图 6-41 所示分别是哇哦视频的入口和精选内容。

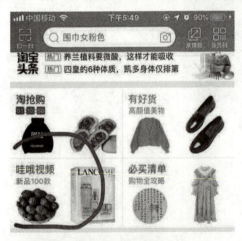

图 6-40　淘宝哇哦视频入口

图 6-41　哇哦视频精选内容

除了哇哦视频外，商家还可以在逛逛或者订阅等渠道发布短视频，优质的短视频可以被推荐到主要搜索结果页——淘宝移动端首页"猜你喜欢"等页面，如图 6-42 所示。

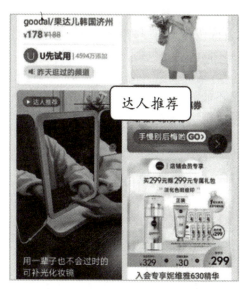

图 6-42　淘宝移动端首页"猜你喜欢"中的短视频

4. 短视频营销策略

1) 短视频内容设计

正确的内容方向更容易吸引消费者，提高网店销量。商家在选择短视频内容方向的时候可以参考以下内容方向。

(1) 痛点展示＋解决方案。在短视频中先展示具体的痛点场景，然后再给出相应的解决方案，展示可以解决问题的商品。

(2) 达人"种草"＋商品评测。在短视频中展示真人现场使用场景并演示商品的使用方法，如图 6-43 所示的直播带货。

图 6-43　直播带货

2) 封面处理

(1) 色彩。短视频封面允许使用一定的色彩帮助内容表达，针对不同的类目商品可以选择不同的辅助色彩。

(2) 辅助元素。商家可在封面中使用一些辅助元素，帮助内容表达；但需注意，辅助元素不能影响画面主体的表达。图 6-44 所示为允许使用的辅助元素 (来自淘宝短视频封面通用规范)。同时，商家在裁剪封面图时要注意裁剪比例。

图 6-44　封面中允许使用的辅助元素

3) 标题优化

标题也会影响短视频流量的获取。短视频标题通常包括三类，且这三类标题的引流效果层层递进。商家可以根据能力和需要，一步步提升短视频标题，以获取更多的公域流量。

(1) 基础类标题。这类标题的特点是直观、通俗。

(2) 场景感类标题。这类标题的特点是具有画面感，多使用具象符号和数字，其引流效果比基础类标题更好。

(3) 适当渲染类标题。这类标题的特点是留悬念、作对比、营造稀缺感。如图 6-45 所示。

图 6-45　渲染类标题

4) 视频引导

商家可以在短视频中增加引导因素，提升消费者进店、购买的概率。在所有短视频类型当中，搭配类短视频的引导进店效果明显高于其他类型的短视频，因此，服饰类的商家可以利用成套搭配吸引消费者进店。同时，商家还可以在短视频中添加互动，如答题、提示关注等。

5. 短视频运营

1) 做好主图短视频

精彩的主图短视频能够获得"猜你喜欢"等公域渠道的流量，商家应做好主图短视频。如图 6-46 所示为金牌柜姐直播。商家可以在其中融入网店理念，主图短视频被抓取到公域渠道后能够提升网店名气。

图 6-47　金牌柜姐直播

2) 标签化网店首页短视频

网店首页短视频可以在首页顶端自动播放，商家可以为首页短视频添加不同的标签，以便消费者查看。

3) 重视逛逛

在逛逛中发布好物"种草"短视频比发布带有赢利性质的短视频更容易获得消费者的青睐。

本章回顾

网店运营离不开内容营销，本章主要了解内容营销的渠道、用户分析以及图文营销、短视频营销技巧。

思考练习

一、简答题

1. 如何合理规划订阅的投放内容？

2. 如何根据网店的实际情况发布详情页短视频？

二、案例分析

云宝想开一家网上书店，她经过认真调查，决定开一家二手书店专卖旧书。可是网络上这样的书店太多了，怎样才能脱颖而出呢？云宝首先联系了好几家出版社，确定好了稳定优惠的货源，然后向顾客提供书单，批量按斤卖书。为了吸引客户，云宝将图书分为两类：学生类和成人非学生类，并打出了品种多、发货快、一手货源、正版书籍等宣传口号。果然没多久，云宝的网店销量就提升了。

请你帮云宝设计一个合适的主图短视频，便于销售她的图书。

参考答案

第七章　网店直播运营

学习目标

1. 了解网店直播运营的概念与特点。
2. 熟悉网店直播运营的流程。
3. 掌握网店直播运营的内容与方法。
4. 掌握网店直播复盘。

思政目标

1. 手把手教会学生网店直播，培养学生的创新精神与探索精神。
2. 学习从细节入手，培养求真务实的工作精神。

知识结构图

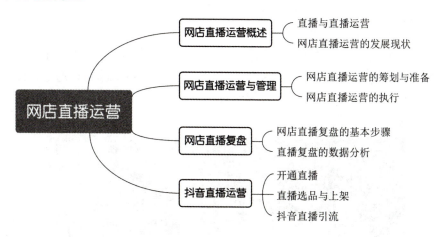

案例导入

老刘在老家镇上开了一家玉竹收购店，收购新鲜玉竹加工后再销售，生意尚可，就是常常往返各地送货，十分辛苦。儿子小刘正好大学毕业，回家后建议老刘把玉竹拿到网上去卖。父子俩一合计，共同开了个网店售卖玉竹。小刘很会设计网店，从规划、装修货到开店、运营，都非常用心。有一天小刘头脑开了窍，想到做直播。说干就干，他先上网学习了直播新手入门教程，然后修整了存放玉竹的仓库。把仓库当作直播间，父子俩一起上阵当主播，请了工作人员、客服人员，明确了工作岗位，确认了活动周期、抽奖方式和奖品。自从开了直播，生意越发红火，父子俩邀请本村20余家农户一起成立了玉竹种植专业合作社，采取"合作社＋基地＋种植户＋统一回收＋直播销售"的产业化发展思路，更新技术，引进品种，带动了当地农民一起致富。

思考题

做直播运营有哪些流程？

第一节　网店直播运营概述

截至 2022 年 12 月，我国网络直播用户规模达 7.51 亿，较 2021 年 12 月增长 4728 万，占网民整体的 70.3%。其中，电商直播用户规模为 5.15 亿，较 2021 年 12 月增长 5105 万，占网民整体的 48.2%。除了人数规模的不断增长，受 5G、AI、MR 技术发展等多方面因素的影响，线上直播电商成为人们越发常态化的购物方式。

一、直播与直播运营

中国电商直播起源于 2016 年，目前行业处于爆发式增长阶段。随着直播产业链发展逐步多元化、生态化，越来越多的消费者通过直播电商平台获取信息、选择商品并进行购买。直播电商模式正改变着人们的购物方式和消费习惯。

1. 什么是直播与直播运营

直播指在互联网上通过流媒体技术向观众传递音视频内容的一种实时交互的媒体形式，它使观众能够通过在线平台观看和参与实时的视听体验。直播可以通过各种平台和应用程序进行，内容可以涵盖各个领域，因而吸引了大量的观众和内容创作者。如图 7-1 所示为书记直播间。

图 7-1　书记直播间

　　直播运营则是指对直播活动进行组织、策划、推广和管理的过程。淘宝、蘑菇街、京东商城、拼多多等电商平台在传统运营模式上都推出了直播运营模式，即"电商＋直播"；同时，直播运营也逐步发展到抖音、快手等短视频平台，即产生了"直播＋电商"模式。

　　网店直播运营是指通过互联网以直播的方式销售相关商品，使受众了解商品的各项性能，从而购买商品的交易行为。这里的商品包括实体商品和虚拟商品。从本质上来讲，它是"直播"与"电商"的结合，消费者可以通过观看主播的推荐和展示以及直播间其他人的互动来决定是否购买商品。如图 7-2 所示为网店直播运营直播间场景。

图 7-2　网店直播间场景

2. 直播运营的特点

　　网店直播运营平台是为了满足电商行业的直播需求而创建的在线平台。它为品牌商家和个人创业者提供了直播销售的工具和资源，帮助他们展示产品、推广销售、与用户进行实时互动，并提供一站式的直播运营服务。

　　1) 互动性

　　互动性是网络直播与传统媒体的最大区别。传统媒体在直播事件时只能采用文字、图片、音频、视频等将现场事件的发展状况传递给观众，观众之间不能进行实时交流。而对于网络直播来说，能实时互动是其天然优势。网络直播不仅可以让用户及时掌握事件的动态信息，而且可以与观看同一直播的用户进行沟通，用户可以将自己的想法、观点、感受等发表在即时留言板、论坛、弹幕等上面，实现与其他用户的互动，有效增强了观众的参与感。直播平台也因实时互动的存在而具备了社交属性，以视频为节点形成了社区。如图7-3 所示，直播间有评论、点赞等互动。

　　2) 场景化

　　电商平台提供直播功能，允许主播实时演示产品、与观众进行互动并展示产品特点、优势和使用效果等。相较于经过层层包装的人与物来说，人们更希望看到真实的场

图 7-3　直播间互动

景。直播将真实的生活场景展现在观众面前，满足了观众对真实性的需求，让消费者更加直观地了解产品，提升购买欲望。另外，直播可以与生活全面结合，"直播＋旅游""直播＋吃饭"等，使直播内容极为丰富，从而提升了直播的观赏性。

3) 形式多样化

商家传统的推广营销不过是海报、软文等模式，久而久之，消费者已经出现审美疲劳。而"电商＋直播""直播＋电商"的新模式能够吸引消费者的好奇心，通常也会在直播过程中提供一些促销活动，如限时抢购、打折优惠等，增加消费者的购买冲动，从而带动销量。

二、网店直播运营的发展现状

在电商直播快速发展的同时，国家鼓励发展平台经济新生态并加大监管力度，因此直播电商行业目前也处于规范化状态。直播电商行业发展呈现新特征：布局直播电商业务的平台类型多样化、流量头部化与私域化趋势并存，主播类型更为多元化，用户参与度高，商家直播逐渐常态化。

1. 直播电商的发展原因

1) 技术进步与新基础设施完善

技术是推动电子商务快速发展的根本动力。对于在电商平台上衍生出的直播电商来说，技术也是其出现和发展的根本支柱。在中国经济快速发展、通信技术不断提高、移动端设备大范围普及的大背景下，直播与电商结合这一商业模式的出现有了技术基础。网络技术的发展打破了时间和空间的界限，尤其是移动网络平台极大地便捷了用户的生活，网络传播的内容较为丰富，种类也是多种多样的，能够满足不同用户的需求。

2) 消费体验升级，互动式营销成为主流

随着我国人均消费水平的提高，人们对消费的需求已不仅仅是单纯的购物需要，还需要更多的体验性和娱乐性。网络购物从最开始的图片＋文字的展现方式到后面的视频展示，再到今天的真人实时互动的商品展示（如图 7-4 所示），快速地向短视频、直播等互动式营销升级。原有的中心化的广告营销模式，正在逐步被关键意见领袖营销等去中心化的社交裂变替代。这一方面得益于技术的推动，但更重要的是消费者对消费体验升级的诉求和社会资本力量的引领。

图 7-4　真人实时互动的商品展示

3) 品牌与 MCN 机构推动

面对时代变革，在品牌主广告投入力度有所减弱的情况下，品牌主对品效合一的营销效果更为看重，对广告的预算结构也产生了相应变化。品牌主的经营思路也逐渐从过往的以"货"为出发点，转变为以"人"为出发点，从经营"商品"转为经营"用户价值"，注重把潜在消费者转化为粉丝与用户，整体上从对传统媒体广告的投入转向对短视频/直播等新兴营销形式的资源倾斜，追求投入与效果的性价比。

MCN(Multi-Channel Network) 作为一个舶来品，诞生于国外，又于中国发展、衍生、壮大。发展至今，MCN 依托内容生产业态和运营业态两个基础业态，呈现多种业态组合发展的趋势；加上平台方的政策扶持与资本加持，MCN 以内容生产和运营为内核，链路多种业态形式，更注重与粉丝之间的沟通，塑造和巩固个人 IP 的同时，将品牌核心价值直接传递给消费者，同时集聚粉丝流量回馈给品牌主，借助各类新媒体平台，简化中间环节，提升变现效率，持续为新经济赋能。

2. 直播电商的未来预期

短视频、直播因为在 4G 时代打下的基础，在 5G 时代将会越来越风生水起。5G 将会给短视频带来一个小高潮，短视频货源、直播带货、视频通信等都会在 5G 时代走向一个新的阶段，就电商直播而言，会呈现以下特点。

1) 移动端占主导地位

随着智能手机的普及和移动网络的发展，移动端将成为直播电商的主要入口。电商要通过提供良好的移动应用和优化的用户界面，提升移动端用户体验，提供丰富的功能和便捷的支付方式。

2) 跨界整合

直播电商将更多融合不同领域的资源和内容，实现跨界整合。不同领域的明星、艺人和体育偶像等将与直播电商平台合作，通过直播形式向粉丝和消费者推广商品。

3) 个性化推荐

随着大数据和人工智能技术的不断发展，直播电商将更加注重个性化推荐。通过分析用户的购物历史、兴趣偏好和行为数据，为用户提供定制化的直播内容和商品推荐，提高购买转化率。

4) 社交化购物

直播电商将进一步强化社交化购物的特点。消费者之间可以进行交流和分享购物心得，形成更加活跃和互动的社群。如图 7-5 所示为小红书上的购物心得。社交媒体的整合和社交电商的发展将进一步增强直播电商的社交属性。

5) 技术创新和提升用户体验

未来直播电商将不断进行技术创新，加强技术研发，提供高清流媒体和低延迟的直播服务，并借助增强现实 (AR) 和虚拟现实 (VR) 等技术，为用户提供更具沉浸感的购物体验。

总体来说，未来直播电商将以移动端为主导，注重

图 7-5 小红书购物心得

个性化推荐和精准营销，强化内容创作和流量变现，拓展跨境电商业务，融合社交媒体和直播，不断进行技术创新，提升用户体验。直播电商有望成为电商行业的主要增长点，引领未来消费者的购物方式和体验变革。

▶▶ 🛒 第二节　网店直播运营与管理

和传统电商相比，直播电商的下单路径更短，展示产品更具体和清晰，便于消费者快速决策，完成购买行为。直播电商为许多新品牌提供了弯道超车的可能性，使各行各业都有通过网店直播运营与管理实现业绩增长的机会。

一、网店直播运营的筹划与准备

在开展直播之前，直播运营团队需要对直播的整体流程进行规划和设计，以保障直播能够顺畅进行，确保直播的有效性。直播营销活动并非一场简单的小型活动，如果没有一个整体的规划与设计，直播营销活动很可能无法达到预期的营销目的，甚至无法顺利进行。因此，在开展直播活动之前，直播运营团队要对直播营销活动的基本流程进行规划和设计，制订合理的直播营销方案，以保障直播营销活动能够顺利进行。

1. 网店直播运营策划的流程

直播营销的基本流程主要包括七个步骤，如图 7-6 所示。直播运营团队需要对每个步骤进行策划，以确保整个活动的完整性和有效性。

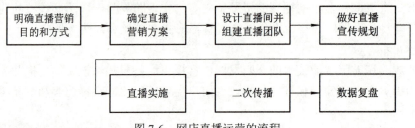

图 7-6　网店直播运营的流程

1) 明确直播营销目的和方式

对于企业来说，直播只是一种营销手段，因此企业在直播营销时不能只有简单的线上才艺表演或互联网话题分享，而是需要围绕营销目的，综合产品特色和目标用户开展直播营销活动。

通常来说，直播营销的目的大致分为短期销售、持久性销售和提升知名度三种。

(1) 短期销售。如果本次直播只是想要快速提高产品销量，那么直播的策划就要围绕销售产品进行。具体的营销方法包括在直播中加入"低价""优惠""限时福利"等字眼，吸引用户观看购买。

(2) 持久性销售。这类直播的目的是希望借助直播平台持续销售，获得比较稳定的粉丝数量。在策划这类直播时，应该从产品自身的优势和特点出发，最好以对比的方式突出产品的特色，或者直接在直播中教授给观众一些与产品有关的实用性知识和技巧，这样可以增强粉丝的黏性。

(3) 提升知名度。如果直播的目的是提升企业知名度和品牌影响力，那么在策划这类直播活动时，要把目光放长远，直播中需体现企业的文化价值和品牌理念，让用户通过直播就可以感受到企业的文化内涵。

2) 确定直播营销方案

开展直播营销活动要有完整的营销思路，但仅靠思路是无法达到营销目的的。直播营销方案就是将抽象的思路转换成明确的文字表达，使所有参与直播的人员，尤其是相关项目的负责人了解直播营销的整体思路，以保证直播营销活动的顺利进行。

3) 设计直播间并组建直播团队

为确保直播的顺利进行，直播运营团队首先需要对直播间进行设计并组建高效的直播团队。直播间的设计包括筹备直播软硬件及布置直播间两部分。其中，直播硬件部分主要由场地、道具和设备三个部分构成，如图 7-7 所示。

图 7-7　直播间搭建

(1) 直播活动的场地分为户外场地和室内场地，须根据需要对选定的场地进行适当布置。

(2) 直播道具包括直播产品、辅助道具和宣传物料等，这些道具可以在直播过程中帮助主播更好地展示产品。

(3) 在直播筹备过程中，直播运营团队还需要将直播中使用的手机、摄像头、补光灯等直播设备调试好，防止因设备发生故障影响直播活动的顺利进行。

此外，还需要对直播网站、直播软件、网络等进行初步设置与反复调试，以免由于操作不熟练或软件自身问题而在直播现场出现失误。

4) 做好直播宣传规划

为了达到良好的营销效果，在直播开始前，对直播活动进行宣传推广是十分有必要的。这样可以保证有一定的流量，甚至能达到"直播开始前就已经有观众进入直播间等候"的效果。与泛娱乐类直播不同，带有营销性质的直播追求的并不是简单的"在线观看人数"，而是"目标用户在线观看人数"，因此直播运营团队在进行直播宣传规划时要注意针对性，尽可能多地吸引目标用户前来观看。

5) 直播实施

做好直播的一系列筹备工作后，接下来就可以正式开始直播了。为了达到预设的营销目的，主播及现场工作人员需要尽可能地按照直播营销方案，将直播开场、直播互动、直播收尾等环节顺畅地推进，确保直播的顺利完成。

6) 二次传播

直播结束并不意味着直播营销的结束。在直播结束后，直播运营团队需要将直播涉及的视频、文字、图片等进行二次加工，并在抖音、微博、微信等火爆的互联网平台进行二次传播，让直播效果最大化。

7) 数据复盘

直播内容二次传播完成后，直播运营团队需要对整场直播营销活动进行复盘。复盘主要包括两方面：一方面进行直播数据统计并与直播前的营销目的作比较，判断直播营销效果；另一方面组织团队讨论，总结本次直播营销的经验和教训，并做好团队经验备份，为后续开展直播营销活动提供参考。

2. 网店直播运营的脚本策划

网店直播运营的脚本方案，俗称"直播脚本"，可以理解为直播团队通过结构化、规范化及流程化的说明，为主播在直播间的内容输出提供线索指引，以保证直播过程的顺利进行及直播内容的输出质量。在抖音直播后台，有创建直播脚本的选项，可以提前编排话术。脚本可以选择抖音的自带模板，也可以由卖家自己策划，如图7-8所示。直播脚本可以分为整场脚本和单品脚本。

图 7-8　脚本策划

1) 整场脚本策划

在直播过程中，最重要的就是对直播套路进行规划和安排。整场脚本策划，即直播团队策划撰写直播过程中每一个具体环节的关键内容。一个简洁的策划方法是，先规划时间，再整合工作内容，最终完成脚本策划。

整场脚本的内容包含开场互动、商品讲解、抽奖环节、引导成交、下场直播预热五大环节。

(1) 开场互动。首先与粉丝打招呼，将此次主要的带货商品，特别是爆款商品做简要说明。之后每隔一段时间都应该重新对商品进行介绍，因为有新用户刚点进直播间，对商品还不了解。

(2) 商品讲解。这是非常重要的环节。一般为了保证顾客的停留时间长，可以将重磅商品放在最后，爆款商品同时穿插在不同的商品之间。

(3) 抽奖环节。在设计抽奖环节的时候，需要注意分散，不要直播没多久抽奖活动就已经结束了，这样是不利于留住用户的。例如过年期间百万红包的发放，在明星直播间是分三次发放的，日常直播也可以分多次抽奖来吸引用户关注。

(4) 引导成交。不同商品的优惠力度是不同的，设计脚本的时候需要针对不同的商品设置不同的引导话术。

(5) 直播预热。一个成熟的主播直播带货应该是周期性的，在直播结束后需要预热下一场直播，吸引更多的用户来直播间观看直播。留住用户才是关键，只有让用户养成习惯才会让直播间的人气只增不减。

2) 单品脚本策划

单品脚本是概括介绍单个商品的脚本，其内容包含商品的品牌介绍、商品的功能和用途、商品价格等。在一场时长为 2～6 小时的直播中，主播需要推出多款商品，因此，单品脚本需要以表格的形式罗列各款商品的特点和利益点。单品脚本的模板如表 7-1 所示。

表 7-1　新品单品直播实例（以服装为例）

直播流程	直播内容	话术建议
1. 明确买家	1. 直播目的是招募分销商 2. 主要买家是批发商、淘宝掌柜	明确目的，明确买家是自用还是招募代理
2. 需求引导	1. 产品好卖走量 2. 产品有利润	卖货强调产品优势，体现主播专业性；招募供应商，体现供货稳定，产品好，热销
3. 产品讲解	1. 款式介绍 2. 规格、面料、成分的详细说明 3. 核心优势点：材料好，透气性强	由表及里，分步骤描述包装、规格、色彩、触感、特性，以及使用感受等
4. 场景还原	1. 运动流汗，透气性强 2. 夏天穿着舒服凉爽…… 3. 适宜对健身有要求的人群 4. 好看，适合出街和街拍	联想产品销售热卖的场景，用生动的语言描述出来，使客户产生共鸣
5. 卖点展示	1. 新款：明星同款新款 2. 好卖：淘宝销量高	展示明星穿着图和淘宝热销的截图
	3. 品质好，透气性强，实验对比	热水实验，与其他产品对比实验
6. 深挖优势	1. 老店 2. 三项指标评分高于同行业	熟知店铺规则，扬长避短，讲解店铺优势
	3. 源头厂货，供货稳定；检测标准高，品质好	选择 1～2 个最突出、最能打动人的产品优势进行深度讲述
	4. 分销商回购量大，好评多	复述客户对本产品的好评
7. 直播优惠	如果招募供应商，直播间拿样政策优惠力度大	为了达到这个目的，要付出什么
8. 限时限量	1. 限时抢购（某一整点进行活动） 2. 限量优惠（只有有限的数量可以提供）	用坚定的语言让粉丝感受到产品的稀缺，促成交易的达成

3. 直播营销的前期准备

1) 团队构建

一个成熟的直播团队需要设置以下角色。

(1) 主播。主播是直播间的核心角色，不仅负责出场，还负责控制整个直播的节奏，进行商品讲解、引导互动、调动直播氛围等。

(2) 副播。副播也起着非常重要的作用，需要配合主播展示产品，在主播不可用时补位，在主播来不及互动时及时互动，在主播解说完商品时负责补货等，责任重大。

(3) 场控。场控主要配合主播列出产品链接，管理直播间评论，帮助主播及时进行产品下架、库存调整等，同时根据变化在底层数据中将信息传递给锚点。

(4) 运营。运营主要负责整场直播的策划及运行，包括直播玩法设计、活动策划、利益点、营销点、秒杀、产品的组合销售、直播产品排款、直播的流程与脚本、主播的问题调整、直播场控 (屏蔽关键词、授权管理员安排等) 以及广告投放等。

(5) 客服。客服的角色在所有直播中都是必不可少的，他需要处理售前售后问题，解答客户各种疑问，帮助推广订单，办理退换货。

2) 场景布置

在直播方案撰写完成并传达到相关负责人后，即可进入直播场地的选择与布置阶段。

(1) 直播场地的选择。以营销为目的的直播场地，一般可以分为室内场地和室外场地。

① 室内场地即主播在室内进行直播。直播团队可以在办公室、店铺、住所、会议厅等地方搭建直播间。

② 室外场地则是主播在公园、商场、广场、景区、农田等室外场所直接进行直播。如图 7-9 所示为室外直播间。

图 7-9　室外直播间

(2) 直播场地的布置。直播场地的布置一般是指直播间的布置，直播间是一场直播传达视觉形象的重要场所。风格定位与用户需求、商品特点高度契合的直播间，更有助于提升用户对主播及直播间的好感度。直播间的布置主要包括直播间的空间布局、直播间的背景装饰及直播间的灯光布置三个要素。

① 直播间的空间布局。直播间的空间布局是直播团队按照直播画面的需要设定的。在普通的室内直播间，一般出现在直播画面中的有背景墙、主播及助理。其他工作人员和与所推荐的商品不相关的物品一般不会出现在直播画面中。因此，在空间布局上，一般将直播间分为背景区、主播活动区、硬件摆放区及其他工作人员活动区，如图 7-10 所示。其中，硬件摆放区包括提示区、摄像机摆放区及监视器摆放区。背景区和主播活动区域需要出现在直播画面中，而其他工作人员活动区不会出现在直播画面中。

图 7-10　直播间布局

② 直播间的背景布置。直播间的背景布置要遵循简洁明了的原则，背景不抢主播的风头。一般来说，直播间的背景颜色以浅色或纯色为宜，如灰色、米色、棕色等。商家可以在背景墙上添加店铺或主播的名字，或者品牌的标志 (logo)，让直播间更具辨识度。

③ 直播间的灯光布置。直播间的灯光布置也非常重要，因为灯光不仅可以营造气氛，塑造直播画面风格，还能起到为主播美颜的作用。直播间常见的灯光配置包括主灯、辅灯、顶灯和商品灯等。如图 7-11 所示为直播间灯光布置。

图 7-11　直播间灯光布置

主灯为主播正面提供光源，应该正对着主播的面部。这样会使主播面部的光线充足、均匀，并使面部肌肤显得柔和、白皙。

辅灯为主播的左右两侧提供光源，增加主播整体形象的立体感，让主播的侧面轮廓更加突出。一般来说，一个主灯会配置两个辅灯，分别位于主播的左右两侧。

顶灯是从上往下进行照射的灯光，它能为直播间的背景和地面增加照明，能够让主播的颧骨、下巴、鼻子等部位的阴影拉长，让主播的面部产生浓重的投影感，有利于主播轮廓的塑造。顶灯安装的位置距离主播的头顶最好在 2 米左右。

主播在讲解商品的过程中，有时需要将商品拿到镜头前对商品进行特写，以向用户展示商品的细节。因此，商家可以在摄像头的旁边增加一个环形灯或柔光球作为商品灯，让商品在特写展示时也不失光泽，具有吸引力。

二、网店直播运营的执行

1. 网店直播运营选品

在组建团队、搭建直播间的前期准备工作完成后，正式开播之前，需要对直播间的商品进行选择，即选品。选品指商家从供应市场中选择适合目标市场需求的商品，即商家在把握用户需求的同时，从众多供应市场中选出质量、价格和外观最符合目标市场需求的商品。

选品至关重要，甚至可以说是直播的关键环节。如果商品没选好，就算直播间人气再高，也可能会出现零转化的情况。

直播间选品的基本原则有以下几点：高性价比的商品、高匹配度的商品、有独特性的商品、需求及时的商品、流行应季的商品和品质有保障的商品。

1) 高性价比的商品

用户选择直播平台购物，第一是因为方便，第二是因为便宜。所以，高性价比的商品是更符合这个消费群体心理的商品定位。不管在哪个平台，高性价比的商品都会在直播电商中更占优势。很多头部主播会给粉丝低价且无条件退换货的福利，这一方面最大程度地保障了粉丝的权益，另一方面也让粉丝对主播产生了极高的信任感，提高了回购率。所以在挑选商品的时候要做好调查，选择高性价比的商品，吸引用户前来抢购。

2) 高匹配度的商品

无论是达人主播还是商家主播，都要让商品与直播间粉丝标签或者达人标签相匹配。这样，一方面主播对商品的熟悉度较高，另一方面商品也符合粉丝对账号的预期，更有助于提高商品的转化率。比如，未婚年轻女孩直播销售母婴用品就会缺乏说服力；同样的，如果商品定位的消费群体是青年群体，也不适合让一个年龄较大的主播进行直播。

3) 有独特性的商品

商品的独特性是指商品的卖点。主播要熟悉商品的特性，找出该商品与其他商品的差异点，要能够体现商品品牌和特质，吸引更多消费者。面对直播间的众多商品，主播可以用"商品特征＋商品优势＋粉丝利益"来阐述，如"面料更透气，衣服可以正反穿，穿上感觉很独特、很有个性，是限量版独家销售，现在下单买一送一等"。

4) 需求及时的商品

在直播期间，主播选择的商品要能满足活动趋势和粉丝的需求。满足活动趋势是指主播要在核心销售日如"双十一"、品牌日等目标消费人群集中、购买力和销售价值最高、影响力最大的时间，准备充足的商品，并保证商品符合活动的主题，如七夕节的浪漫、中秋节的团圆和亲情。另外，主播要多留意和搜集粉丝想要在直播间看到的商品，然后据此补充商品品类，及时满足粉丝的需求。

5) 流行应季的商品

每一个季节都有相应畅销的商品。如果在夏季售卖冬季才会使用的商品，一般情况下不会有多少销量，所以直播间应选择应季的商品。比如，夏天推荐空调小风扇、凉席等商品，冬天推荐保温杯、羽绒服等商品。

6) 品质有保障的商品

要想迎合年轻消费群体，在选择商品时就要考虑品质较好、质量过硬的品牌。主播需要对商品本身进行深入的了解与分析，包括企业的发展历史、商品的特点、消费者、竞争对手、行业信息等。只有提供用户反馈好的商品才能使直播持续下去，也才能得到消费者的青睐。纵观当下，直播受众以年轻群体为主，他们的品牌意识有待加强，更多人会因为商品质量和主播的信任背书而成交。

2. 网店直播运营策略

商家想要通过抖音电商直播实现生意的规模增长，除了依托自身的产品、品牌优势，直播运营能力也是其实现销量突破的重要条件。

1) 直播前预热推广

直播预热是为了让用户提前了解直播的内容，让对直播感兴趣的用户自然地进入直播间，从而提升直播间的在线人数。如图 7-12 为预热引流。

图 7-12　预热引流

常见的直播预热引流渠道有直播平台私域场景、电商平台、企业官网、社交平台等。

(1) 直播平台私域场景。在抖音、快手等短视频平台上，主播可以利用的私域场景主要有账号名称、账号简介、粉丝群等。主播在直播之前可以更新账号名称和账号简介，如在账号名称中加括号备注直播信息，也可以在账号简介中以文案的形式说明直播时间。如"每天上午 9 点、下午 1 点 30 分直播"。

(2) 电商平台。不论是在电商平台进行直播，还是在直播平台进行直播，主播都要在介绍完商品后提供电商平台的商品链接，让用户能够通过电商平台下单。电商平台是连接主播和用户的重要渠道，因此主播也可以通过电商平台进行直播宣传预热。以淘宝平台为例，淘宝平台的首页有直达淘宝直播间的入口，主播可以将自己的直播预告发布在淘宝直播上，通过图文和视频结合的方式讲明直播的重点内容。直播预告能够迅速吸引用户的目光。当主播制作的直播预告内容足够优秀时，淘宝平台会将主播的直播预告内容放在直播广场显眼的地方，以便更多用户能够看到。

在其他电商平台进行直播宣传预热也是如此，电商平台的用户优势、直播激励机制等都会为主播的直播宣传预热提供支持。因此，主播一定要重视电商平台的作用，借助电商平台的力量做好直播宣传预热。

(3) 企业官网。企业官网拥有新闻发布、口碑营销、商品展示等功能，是企业面向社会的重要窗口。因此，主播和企业合作推销商品时，可以利用该企业的官网进行直播宣传预热。有些消费者并不关注直播，但是他们会通过企业官网关注自己心仪的商品。主播通过企业官网进行直播宣传预热，能够吸引这些消费者前来观看直播。

(4) 社交平台。随着移动互联网的快速发展，人们与各种社交平台的联系越来越紧密。人们会用 QQ、微信等平台沟通工作，用微博、豆瓣等平台了解时事及发表看法等。很多人都把闲暇时间贡献给了各种社交平台。主播要抓住这点，在社交平台上进行更多的直播宣传预热。

2) 直播中的运营技巧

直播带货的受众是消费者，目的是销售商品。为了提高商品的销量，主播要以满足消费者需求为中心，在直播中开展各种引流活动。直播中的运营策略有很多，如派发红包、抽奖活动、发放商品优惠券、赠品促销等，吸引用户关注直播内容，提升直播间的人气和观众停留时长，增强粉丝黏性，提高粉丝转化率。图 7-13 所示为直播间福利。

图 7-13　直播间福利

(1) 派发红包。直播离不开主播与粉丝之间的互动，粉丝越活跃，直播效果就越好。派发红包是直播间比较常见的一种调动气氛的手段。

除直接发放现金红包以外，主播还可以发放口令红包。口令红包是指在红包中设置输入口令，口令一般为商品或品牌的植入广告语，接收红包的人在输入口令的同时就对商品或品牌产生了一定印象，并加深了对商品或品牌的记忆。

一般来说，口令红包多采取优惠券形式，即用户必须购买指定商品才能使用红包，否则这个红包就没有任何用处。因此，在抢到红包以后，很多用户会选择购买商品，以免浪费红包，这就提升了用户的购买转化率。

(2) 抽奖活动。直播间发起的抽奖活动，用户可免费参与。直播间抽奖活动是主播常用的互动方法之一，可以通过抽奖活动吸引用户的目光。用户若在观看直播的过程中产生期待，其停留在直播间的时间就会延长，而停留的时间越长，消费的可能性就越大。

主播通过定时抽奖吸引用户观看直播，可以大幅度增强用户黏性。在观看直播的过程中，用户追求实惠的心理得到了满足，自然会更加关注主播的直播间。因此，主播也会获得更多粉丝。

(3) 发放商品优惠券。商品优惠券是虚拟电子现金券，用户可以在直播间购买商品时，使用获得的优惠券抵扣现金。优惠券具有更大的灵活度和选择权，由商家确定发放面额、对象以及数量，专门用于商品的促销活动，如图 7-14 所示。

图 7-14 直播后台优惠券发放

发放商品优惠券这种福利营销方式实行起来几乎没有成本，并且发放的对象也是直播间的用户，可以实现精准投放。发放商品优惠券可以加强用户与主播的互动，同时能够强化电商直播的变现能力。如果用户对主播推销的商品比较满意，而此时主播又向其发放了商品优惠券，那么就能够促进用户将消费想法转化为行动，刺激用户产生消费行为。

3) 直播后运营和维护策略

商家做直播并不是只做一场，以后就不做了，而是会持续不断地去做。因此，直播后商家需要将"流量"变成"留量"。这就需要商家在直播后做好后端的变现和维护。如图 7-15 所示为引导用户加入粉丝群。

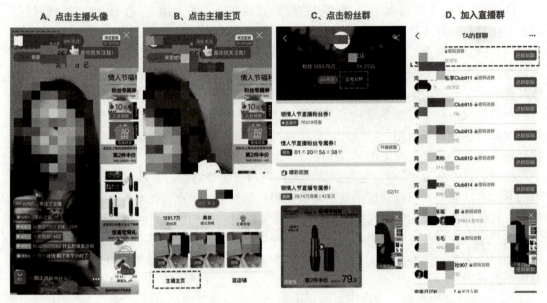

图 7-15   引导用户加入粉丝群

做好粉丝维护，可以提高老用户的复购率，同时口碑宣传还能引起新用户关注，从而吸引更多的流量。粉丝发消息，主播看到后要尽可能地回复，让粉丝感受到主播的真诚和关心。

在直播后，商家还可以将直播视频剪辑成有趣画面汇总、直播干货等，放入推广软文中或做成精彩的短视频，将这些直播视频上传到短视频平台、流量大的自媒体平台，让每一个感兴趣的受众都能关注并分享到自己的社交圈，从而引来更多的流量。同时，也可以将这些干货直播类视频放到问答类平台，吸引更多的潜在客户。

第三节   网店直播复盘

直播的结束并不是一场直播活动的终点，直播团队还需要进行直播复盘。每一个直播团队都应养成定时复盘的习惯。

一、网店直播复盘的基本步骤

通过直播复盘，直播团队可以找出直播过程中的不足之处，或者提前发现一些未暴露出来的问题，从而查漏补缺，不断地优化直播过程，提高直播成绩。

1. 回顾目标

直播复盘的第一步，是回顾刚刚结束的那场直播。回顾直播的目标是什么，是新增粉丝数，还是直播产品销量的提升、观看人数的增加与粉丝停留时长的提高。如图 7-16 所示，可以通过直播数据复盘了解目标是否达到。将直播的实际结果与目标进行对比，直播团队就可以明白一场直播的营销成绩究竟如何。

图 7-16　直播数据复盘概览

2. 过程追踪

过程追踪是为了找出哪些操作过程是有益于目标实现的，哪些操作过程是不利于目标实现的。描述过程是分析现实结果与希望目标差距的依据，因此，在描述过程时需要遵循以下三点原则。

(1) 真实、客观。直播团队需要对直播的整个工作过程真实、客观地进行记录，不能主观地美化，也不能进行有倾向性的筛选。

(2) 全面、完整。直播团队需要提供直播过程中各个方面的信息，而且每个方面的信息都需要描述完整。

(3) 细节丰富。直播团队需要描述在什么环节，谁用什么方式做了哪些工作，产生了什么结果。例如，在直播开播前，哪些人在什么时间、什么平台发布了什么引流内容，这些引流内容分别是什么类型，观看量有多少，反馈评论有多少，评论回复有多少等。整个直播过程的细节并不需要全部描述，对于各种有因果联系的细节，直播团队才需要详细描述。

3. 原因分析

由于回顾目标的目的是发现存在的问题，为后续的分析提供方向，因此，直播团队在后续的工作中就需要重点分析：结果与目标不一致的地方在哪里，为什么会出现这样的差距，从中分析达到效果和没有达到效果的原因，总结经验与教训，制订应在哪些方面提升以及提升的措施。分析原因是直播复盘的核心步骤，直播团队只有把原因分析到位，整个复盘才是有成效的。

4. 总结规律

直播复盘的核心，就是要从一场具体的直播中提炼出经验和方法，经过目标效果评估、过程追踪、原因分析，直播团队往往能够认识到一些问题，从而解决直播工作中出现的一个甚至一类问题，甚至还能总结出一些经验和方法，提升直播运营的成绩。

二、直播复盘的数据分析

一场直播营销活动往往会产生很多数据，如直播时长、用户停留时长、用户互动数、用户增长数、商品点击率等，这些数据往往反映了一些问题。因此，在直播复盘环节，直播团队也需要对这些直播数据进行分析。

1. 数据分析的基本步骤

直播团队进行数据分析有一套比较规范的操作步骤，即明确目标、采集数据、整理数据、分析数据及编制报告。直播团队需要遵循这个流程进行数据分析。

1) 明确目标

明确目标，即确定数据分析的目标。一般情况下，直播团队进行数据分析有以下三个目标。

(1) 查找问题，即寻找直播间数据波动的原因。

(2) 优化内容。直播团队通过数据分析寻找直播内容的优化方法，从而提升直播活动的营销效果。

(3) 优化运营。通过数据规律推测平台算法，从而提升直播间运营的效果。

2) 采集数据

对于当前的直播行业来说，直播团队可以通过直播平台账号后台来采集数据。

各个直播平台的账号后台一般都会有直播数据统计，直播团队可以在直播过程中或直播结束后通过账号后台获得直播数据，如抖音账号的后台就可以看到直播的相关数据，如图 7-17 所示。

图 7-17　抖音数据分析

3) 整理数据

整理数据，即对采集的数据进行核对修正、整理加工，以方便后续分析。通常来说，整理数据包括数据的核对修正和数据的统计计算两方面工作。

(1) 数据的核对修正。

直播团队不管通过什么方式获取数据，都可能出现失误，因此，在正式进行数据分析之前，需要先对数据进行核对。如果发现数据异常，需要综合各方面的数据进行修正，以保证数据的准确性、有效性和可参考性。

(2) 数据的统计计算。

直播团队完成数据的核对修正后，即可进行数据的统计计算。数据的统计计算包括数据求和、平均数计算、比例计算、趋势分析等。为了提高工作效率,直播团队可以使用Excel 的相关功能对数据进行统计计算。

4) 分析数据

直播团队对数据进行整理后,即可进入分析数据环节。目前,最常用的分析数据的方法是对比分析法和特殊事件分析法。

(1) 对比分析法。对比分析法是将实际数据与基数数据进行对比,通过分析实际数据与基数数据之间的差异,了解实际数据并查找影响实际数据因素的一种分析方法。

根据对比基数的不同,对比分析法可以分为同比分析和环比分析。

同比,是指当前时间范围内的某个时间位置与上一个时间范围内的同样时间位置的对比。例如,周同比的"本周一与上周一对比",月同比的"12 月 11 日与 11 月 11 日的对比",年同比的"2021 年 1 月 5 日与 2020 年 1 月 5 日的对比"等。

环比,是指当前时间范围与上一个时间范围的数据对比。例如,日环比是指"今天与昨天的对比",如图 7-18 所示;周环比是指"本周与上周的对比";月环比是指"本月与上月的对比";年环比是指"今年与去年的对比"。

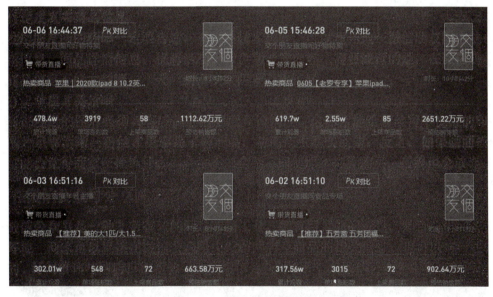

图 7-18 不同日期的数据对比

(2) 特殊事件分析法。通过对比分析,直播团队往往可以找出异常数据。异常数据是指偏离平均值较大的数据,不一定是表现差的数据。例如,主播在一段时间内,每场直播的新增用户数在 100~200 个,但刚刚完成的那场直播,新增用户数达到了 500 个。本场直播的"新增用户数"与之前相比偏差较大,即属于异常数据。直播团队就需要采用特殊事件分析法来查找出现异常数据的原因。

异常数据往往与某个特殊事件有关,如直播标签的更改、开播时间的更改、封面风格的更改等。因此,直播团队在记录日常数据时,也需要记录这些特殊事件,以便在直播数据出现异常时快速找到数据变化与特殊事件之间的关系。

5) 编制报告

数据分析的最终结果需要汇总成数据分析报告。由于直播团队在数据分析过程中常使用大量的图表，因此，一般用 PPT 的形式来编制数据分析报告。数据分析报告一般可分为开篇、正文和结尾三个部分。

(1) 开篇。开篇包括目录和前言两部分。其中，目录是数据分析报告的整体大纲，要求结构清晰、逻辑有序，以便让阅读者可以快速了解整个报告的内容。前言是对数据分析报告的分析目的、分析背景、分析思路、分析方法、数据结论等内容的基本概括。

(2) 正文。正文中的观点阐述和论证过程是数据分析报告的核心部分。直播团队需要先概括出清晰、明确的观点，再通过详细的数据图表和解说文字来论证观点。

(3) 结尾。结尾部分的结论和建议是依据正文的观点总结出的最终结论。结论的表述要求准确、简练、有价值。在结论准确的基础上，直播团队可以提出自己的见解和建议，以便为之后的直播决策提供参考依据。

2. 数据分析的常用指标

直播团队在数据采集的过程中会看到很多数据指标。不同数据指标有不同的意义和价值，直播团队需要了解这些数据指标，分析这些数据指标，从而优化直播方案，进而优化这些数据指标。直播团队常用的四种数据指标是用户画像数据指标、人气数据指标、互动数据指标及转化数据指标。

(1) 用户画像数据指标。用户画像数据指标包括用户的性别、年龄、地域、活跃时间 (天 / 周)、来源等。

(2) 人气数据指标。人气数据指标也叫流量数据指标。人气数据指标包括观看人数、新增粉丝人气峰值、"转粉"率 (新增粉丝数 / 观看人数)、平均在线时长、本场点赞数、本场音浪送礼人数等方面的数据，如图 7-19 所示。一般情况下，直播团队通过第三方数据分析工具可以采集到这些数据。

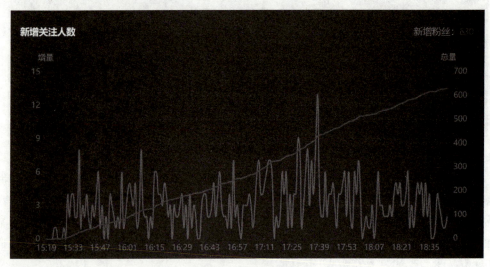

图 7-19　新增关注人数

根据这些人气数据的波动图，直播团队可以根据人气数据出现波动的时间节点分析数据波动的原因，从而优化直播间的引流方案和互动方案。

(3) 互动数据指标。互动数据指标是指用户在直播间的互动行为数据。互动行为主要包含点赞、评论、分享和关注等。图 7-20 所示为点赞数走势图。互动用户数占直播间用户访问数的比例，即为本场直播的互动率。

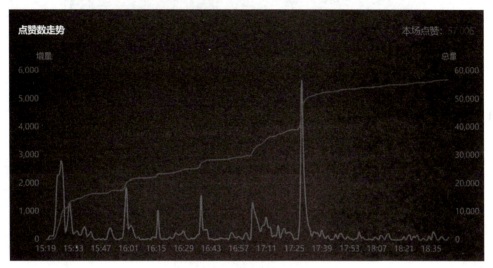

图 7-20　点赞数走势图

除以上数据外，直播团队还可以根据用户在直播间的评论内容，通过"词云生成器"制作"评论词云"。"评论词云"是将用户评论中出现次数最多的关键词突出显示，从而让直播团队能够直观地看到用户互动频率最高的内容，进而据此快速地调整直播运营方案。

(4) 转化数据指标。转化数据指标是指引导成交的数据。在淘宝直播平台，转化数据指标主要包括两项内容，即商品点击次数和引导成交金额。其中，商品点击次数是指用户点击直播商品进入详情页及直接将直播商品加入购物车的总数据；引导成交金额是指用户通过直播间的引导把直播商品加入购物车并且支付成功的总金额。

如果商品点击次数过少，那么，直播团队就可以初步判断，主播推荐商品的力度或商品本身的吸引力是不足的，需要找出不足之处，积极改善。

如果商品点击次数多，但引导成交金额少，那么很可能是商品口碑、商品详情页或商品定价存在问题，从而影响了用户的购买决定。直播团队需要优化选品环节，优化直播间的商品配置，或者优化商品的促销方式。

 **第四节　抖音直播运营**

抖音是一个典型的内容电商平台，主要的变现渠道有广告、电商和用户付费，而直播是内容电商的变现形式之一。如图 7-21 所示，抖音新品牌交易规模在持续扩大。在开通直播之后，导购变得更加便利和简单。商家和主播要做好直播内容的定位，向用户提供有价值的内容，从而吸引越来越多的用户关注。同时，商家和主播要通过选品、引流、上架商品和商品讲解来带货，并做好粉丝运维，不断提升直播的影响力和变现能力。

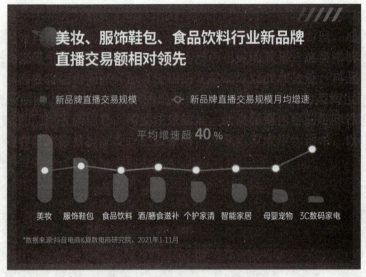

图 7-21　抖音新品牌交易规模

一、开通直播

抖音直播有两种形式,即抖音内容直播和抖音直播带货。抖音内容直播的开通很简单,只要完成实名认证就可以直播。主播在直播间可以分享内容,如唱歌、跳舞、知识和干货等。

主播要想在抖音直播带货,不仅需要开通直播功能,还要开通直播带货权限。在开通这两个权限以后就可以直播带货,在直播间挂上商品链接,通过卖货变现。开通直播带货权限以后,主播可拥有个人主页商品橱窗功能,在视频和直播中添加并分享商品;拥有个人主页视频置顶功能;可以在 PC 端登录"达人"管理平台,回复消息,设置私信自动回复、私信自定义菜单,查看账号运营数据,以及置顶评论等。

二、直播选品与上架

直播商品的结构直接影响着直播带货的商品购买转化率。在每一次直播带货过程中,直播间都应该包括以下类型的商品。

1. 印象款

印象款是指促成直播间第一次交易的商品。一般来说,高性价比、低客单价的常规商品适合作为印象款,其特点是实用、人群覆盖面广。例如,卖穿搭商品的主播可以选择腰带、打底衫等作为印象款,卖包的主播可以选择零钱包、钥匙包等商品作为印象款。

2. 引流款

引流款应当是商品中最具有独特优势和卖点的款式,这款商品最好做到"人无我有,人有我优",但商品的价格不能太高,毛利率要趋于中间水平。价格低的商品会吸引很多用户停留观看,且这时用户的购买决策成本较低,加上限时限量"秒杀"活动增加了直播间的紧张气氛,可以快速提高商品转化率,同时带来直播间流量的大幅增加。抖音后台秒杀管理如图 7-22 所示。

图 7-22　抖音后台秒杀管理

3. 福利款

福利款是指"宠粉"款，即用户先加入粉丝团，然后才有机会抢购优惠商品。福利款有时设置成福袋直接免费送给粉丝作为福利。如图 7-23 所示为某店铺福袋发放记录。这种做法可以增强粉丝的黏性，激发粉丝的购买热情。

图 7-23　某店铺后台福袋发放记录

4. 利润款

要想通过直播带货帮助商家或企业盈利，主播必须推出利润款，且利润款要在所有商品中占有很高的比例。利润款主要针对目标用户群体中的某一特定群体，要符合这类群体的消费心理。

利润款有两种定价模式。一种是直接单品定价，如"49 元买一发二""99 元买一发三"等；另一种是商品组合定价，如护肤套盒、服装三件套等。

主播要等到直播间的人气提升到一定高度以后再推出利润款，这时直播氛围良好，趁热打铁更容易成交。

5. 品质款

品质款一般要选择高品质、高调性、形象好、高客单价的极小众商品，这类商品承担着提供信任背书、提升品牌形象的作用，目的是吸引用户的眼球，提高企业或商家在用户心目中的商品研发实力，增强直播间商品在用户心目中的好感度。商家要对每一个出现在直播间的商品进行定位，分析它们的销售潜力。根据商品的销售潜力、作用功能、库存状况、品类等，主播可以了解商品的定位。

三、抖音直播引流

为了提高不同阶段商品的转化率和销售额，要对抖音小店进行精细化运营，让上架的商品能够满足平台营销玩法的需求。

1. 免费流量

提高直播间商品的转化率并非易事，首先最基础的就是直播间要有流量和人气。而想要提升直播间的流量问题，主播就要掌握直播间引流的技巧，这样才能有源源不断的流量进入直播间。主播一般要在开播前三小时发布短视频为直播预热，这样在开播时才会有更多的用户进入直播间。除在前期发布的直播预告以外，直播封面图和标题也会影响直播间的人气。用户在直播广场浏览时可以看到很多直播间，这时决定用户是否进入直播间的重要因素是直播封面图。精心设计了封面图的直播间，比使用默认头像的直播间的流量要大得多。

2. 付费流量

除发布短视频直播预告，利用直播封面图和直播标题引流以外，主播可以通过付费对直播间进行推广。抖音平台对 DOU+ 的定位是一款专门针对内容创作者的内容加热工具。DOU+ 的投放门槛很低，只要是抖音的注册用户，最低花费 100 元就可以投放 DOU+。

投放 DOU+ 时，既可以选择在开播前预热投放，即短视频预热，也可以在直播过程中根据实时数据选择定向投放，即直接"加热"直播间。

短视频预热通过短视频的曝光来增加直播间的人数。例如，主播在直播前发布一条直播预热视频，然后对预热视频投放 DOU+。很多人看到预热视频后，其中一部分会点进直播间，这样就达到了引流的目的。

直接"加热"直播间的优势在于用户进入直播间以后无法进行上滑操作，只能点击"关闭"按钮才能返回推荐页面，这就提升了用户的留存率。

 本章回顾

本章介绍了网店直播运营的相关概念和发展现状，重点介绍企业开展网店直播运营的流程和运营管理方法，阐述了网店直播运营的技巧和策略以及直播结束后的复盘及数据分析方法，并介绍了抖音平台直播运营技巧。

 思考练习

一、简答题

1. 什么是网店直播运营？网店直播运营的特点有哪些？
2. 简述网店直播运营策划的流程。
3. 网店直播运营包含哪些策略和技巧？
4. 如何进行数据复盘？

二、案例分析

珠珠同学今年从学校毕业了，因没有找到合适的工作，她想开网店专卖休闲 T 恤。请你帮她设计一个网店直播流程。

参考答案

第八章 网店站外引流

 学习目标

1. 了解站外引流的含义、优势和发展趋势。
2. 掌握利用抖音、微信以及微博为淘宝网店引流的方法。

思政目标

1. 学习网店站外引流的方法，增强创新意识。
2. 学会使用抖音、微信、微博对网店进行引流，提升服务质量。

 知识结构图

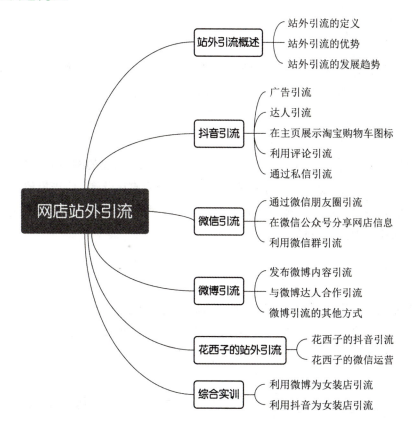

案例导入

　　兰溪开始使用微信引流的时候，经常在微信朋友圈频繁地发布商品信息，结果被很多微信好友屏蔽。兰溪以为是自己没有附上商品链接的原因，结果附上商品链接之后的引流效果也不好。

　　在系统学习之后，兰溪发现之前发布微信朋友圈的方式是错误的，于是调整了发布微信朋友圈的频率和方式，开始发布一些有趣的内容，引起消费者的注意。其次，也不再一味地推广商品，开始打造人设。在朋友圈推广商品时，还经常和朋友圈的好友进行互动，和消费者融为一体，产生共鸣。与此同时，她还经常分享一些自己觉得好用的产品，慢慢地，兰溪成功地在微信朋友圈打响了网店的名声，实现了为淘宝网店引流，进而开通了网店微信公众号。为了避免再次出现同样的错误，兰溪提前学习了运营微信公众号的方法，成功积累了一大批粉丝，提高了网店销量。

思考题

　　1.为什么要做好网店的引流?

　　2.你所知道的网店的引流方法有哪些?

▶▶ 🛒 第一节　站外引流概述

　　站外引流是指通过第三方平台（社交媒体、广告推广、搜索引擎等）来吸引流量。下面主要介绍站外引流的定义、优势和发展趋势。

一、站外引流的定义

　　站外引流是指通过各种方法将网站的流量从外部引入到自己的网站中，以增加网站的访问量和用户数量，方法包括但不限于搜索引擎优化、社交媒体营销、广告投放、内容营销等。

　　站外引流是网站推广的重要方法之一，可以帮助网站提高曝光度、增加用户黏性、提高转化率，从而实现商业目标。

二、站外引流的优势

　　不少企业已经意识到利用社交媒体进行引流是提升品牌知名度的最佳方式之一。因此，越来越多的企业和商家开始使用社交媒体这种媒介形式开展市场营销活动。那么，利用社交媒体引流有哪些优势呢?

1.创造品牌认知度

　　获得品牌知名度是任何公司最重要的营销目标之一。因为消费者更喜欢购买他们熟悉的品牌，社交媒体使品牌建设变得简单而有效。与传统媒体相比，社交媒体的优势在于它可以让企业更快、更轻松地将品牌展示在人们面前。图 8-1 所示为利用抖音短视频为品牌引流。

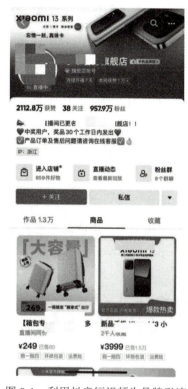

图 8-1　利用抖音短视频为品牌引流

2. 增加销售额

社交媒体比任何其他形式的引流都有更高的促成成交率。随着在社交平台上的知名度越来越高，企业将有更多的机会将潜在客户转化为实际客户。因此，在营销中使用社交媒体对企业非常有用。

3. 高性价比

社交媒体引流可能是广告策略中最具成本效益的组成部分。几乎所有社交网络平台都允许免费注册和创建个人资料，与其他引流策略相比，社交媒体引流的成本是非常有竞争力的，它可以让企业看到更高的投资回报，同时为其他引流方式和业务支出保留更大的预算。

4. 更高的转化率

企业将有更多的转化机会。所有文章、照片、视频或评论都有可能为公司的网站带来流量。通过具有人性化因素的社交媒体营销可以让公司给人留下深刻的印象，当企业通过在社交媒体上分享内容、评论和更新状态，与客户互动时，就把品牌人格化了。

5. 使用社交媒体与观众建立联系

监视有关特定主题的社交对话的行为称为社交聆听。社交聆听可以帮助企业了解哪个方向对企业的目标受众很重要，并确定所遵循的趋势；也可以帮助企业了解客户的问题，这将帮助企业创建解决这些问题的内容。

6. 提高品牌忠诚度

发展忠实的客户群是几乎所有企业的主要目标之一。鉴于客户满意度和品牌忠诚度通常是齐头并进的，时常与客户互动并与他们建立联系至关重要。社交媒体不仅仅用于给客户介绍新产品和促销活动，客户也将这些平台视为可以直接与企业沟通的服务渠道。

7. 增加入站流量

企业如果不在社交媒体上营销自己的品牌，网站的流量会局限于普通客户，只有了解企业品牌并熟悉它的人才会搜索企业的关键字。如果要接触忠实客户圈之外的新消费者，那么社交媒体营销是必不可少的。

社交媒体上充满了不同的文化、不同的背景的各种类型人群，在这些平台上发布企业信息可以向更多的人展示企业的业务和产品。

三、站外引流的发展趋势

整个社交媒体平台的发展将依赖于所有角色都能够发挥出更多的作用，并为平台的未来发展提供更多积极的建议和意见。未来站外引流的发展趋势如下。

1. 内容优质化

随着社交媒体的流行，越来越多的社交媒体平台的内容数量在不断增长。但是，大量的内容并不都是优质内容。因此，社交媒体平台的发展趋势是重视和推进内容质量，为用户提供更有价值、深度的内容。

2. 共同监督规范化

商品与服务的提供方在售前的货源品质保障、售中的宣传推介、售后的服务兑现等方面将随着市场完善和相关法律及奖惩措施的出台而变得更加规范自律。不但假冒伪劣商品在将来的生存空间越来越小，而且随着地球环境的不断恶化和社会价值的逐步转变，环保低碳的共识将会在消费者中慢慢产生，进而影响到电商领域，使电商领域将环保等理念融入行业中来。在这一进程中，一些相关法令制度的颁布，将迫使企业与商家通过规范化运营来获取竞争优势。

3. 国际化趋势

我国的网络经济已成为国际资本的投资热点。一方面，国际资本的直接注入将加速我国站外引流整体实力的提高，缩小我国电商企业与国际同行们的差距，最终实现"走出去"，面向全球消费者；另一方面，国际电商在我国的本地化投资运营既能够通过竞争提高我国电商企业能力，同时也为我国中小企业带来在全世界展示自己的专业通道。这种内外双方的交互融合渗透将会是未来站外引流不可缺失的发展环节。

▶▶ 🛒 第二节　抖音引流

抖音是一个非常强大的电子商务流量入口，目前日活跃用户有两亿，是其他短视频平台的几倍，很多普通用户制作发布视频也可能轻松获得千万级的播放量。抖音引流简单说就是把抖音短视频这一服务平台上的用户总流量正确引导到别的服务平台上，如微信或淘宝网店等，以此来获取流量客户。

一、广告引流

抖音具有用户多、内容直观生动、流量优质、商业营销效果好的优势，可以吸引大量的用户浏览、点赞、评论、个人收藏、分享企业和商家的广告宣传链接，是一个巨大的流量池，非常适合为网店引流。短视频是抖音内容的主要表现形式，商家可以直接在短视频中展示商品或品牌。

1. 硬广引流

在传播形式日益多元化的今天，越来越多的品牌企业发现了短视频的引流宣传价值。独特的短视频模式让许多品牌形象变得立体化。品牌借助短视频平台可以增加传播的互动性、趣味性，也可以使影响力更有穿透力，比电视广告更能打动消费者。

大品牌因为销售渠道众多，在短视频平台以宣传为主，目的在于提醒消费者复购而非直接成交，所以一般以曝光度、点击率等为主要考核目标，对销售额不做硬性要求。商家在拍摄此类视频时，建议将商品场景再现，融入实际的生活或工作场景。例如，上汽大众就直接在抖音上发布广告类视频，展示商品的特点，即硬广引流，如图8-2所示。

图 8-2　上汽大众广告短视频

2. 广告植入

广告植入是当下普遍采用的一种推广模式。对于品牌方而言，找准精准账号是关键。对创作者来说，结合账号内容进行软植入，比如美食账号，可以通过展现某个厨房神器省时省力的特性，给产品带来曝光。

将品牌商品置入短视频情节当中，让商品自然而然出现在视频内容中，观看者不知不觉中就熟悉或重复记忆了这一商品或服务，这种广告植入方式用户接受度相对较高。

图 8-3 所示为 OPPO 发布的以"白桃汽水"为主题的短视频，设置了短视频情节，围绕白桃汽水的颜色展开，讲述了一位女生路过一家饮料店时引发的美妙误会，将白桃汽水本身清新、好看的颜色与手机配色很好地融合在了一起。

图 8-3 广告植入

【课程思政】

短视频创作者要想让短视频平台更多地推荐自己发布的短视频，获得比较高的播放量，就要多研究并遵循短视频平台的推荐机制与原理。

短视频平台会使用设定好的系统对新投放的短视频进行初审。首先系统会通过大数据分析，设置一些敏感词汇检测，保证短视频中不会出现违规、低俗的内容。这属于系统性风险检测，是一个绝对硬性的指标，也是短视频创作者不能触碰的底线。

当内容不符合平台规范时，短视频将被退回不予收录，或被限制推荐(限流)，严重者会被封号。常见的违规问题包括低俗、虚假、传播负能量等。如果上传的短视频包含敏感或禁忌内容(包括文字、话题)，就会被系统识别并退回。除了检测内容外，有的短视频平台还会检测音乐。

具体来说，短视频创作者要自觉抵制下列内容：

(1) 含有违禁物品元素的内容，如易爆物品、管制刀具、违法药品等。

(2) 恶意曝光他人隐私，包括他人电话、地址、二维码、微信号等。

(3) 未经他人允许盗用或抄袭他人作品。

(4) 传播封建迷信的内容，如算命算卦，宣传伪科学或违反科学常识的内容，发布违法信息，参与赌博、非法集资等违法行为。

二、达人引流

　　达人发布的引流短视频通常站在消费者的角度，更容易被消费者所接受，所以商家可以与抖音上的达人合作，为商品营造好的口碑，从而为淘宝网店引流。

　　达人通过打造个人品牌成为意见领袖，上传短视频之后，会在短视频中添加商品链接，当用户对短视频中的商品感兴趣时，就可以直接点击商品链接跳转到商品界面进行购买。

　　抖音有巨量星图平台，企业和商家可以在此平台上挑选达人。首先，选择一名抖音达人并打开该达人的主页，然后点击"找官方合作"超链接，打开巨量星图跳转页面，如图 8-4 所示；点击"立即上星图"按钮注册并登录巨量星图，通过资质认证后就可以向达人发布任务。

图 8-4　打开巨量星图跳转页面

　　商家在选择合作的达人时，要注意甄别筛选，选择与自身品牌定位和商品风格相符的达人，才能实现精准引流。一般来说，商家在抖音找达人合作有以下几个注意事项。

1. 达人定位

　　商家在进行初步的达人筛选时，一定要先从达人的垂直领域开始，如果达人的定位符合商家的商品定位，再进行下一步的筛选。比如彩妆类产品，应该尽量找美妆达人合作，最好不要找母婴达人合作；家居类产品，最好找生活类达人，最好不要找旅行类达人。若达人的定位与产品偏离，说服力就会大大下降，很难让粉丝买账。

2. 达人粉丝画像

　　除了达人定位，还要注意达人的粉丝群体画像，粉丝的年龄段、男女比例、生活状态、地理位置分布等都对其消费能力与喜好有非常大的影响。商家可以根据自己产品的消费定位，与达人去进行交涉，看对方的粉丝画像是否符合自己产品的目标消费人群。如果差距很大还强行合作，可能会导致花钱了却没什么效果，实在是得不偿失。

3. 达人近期数据

商家在预算充足的情况下，最好找一些数据比较好的达人合作，而且要关注一下达人近期的数据。因为有时候达人的某个视频数据好不代表达人所有视频的数据都好；达人可能其他方面能力好，但是表达能力和感染力并不那么强，就会导致效果可能不太理想。

因此最直观的方法还是看达人近期的数据，如果数据稳定且销量不错，那就是一个非常值得合作的达人。

4. 对接时保证产品信息完整

一般来说，销售单品时，建议商家直接给达人发商品链接、商品主图、商品价格和佣金，有些达人还要求合作方提供抖音小店体验分的数据、发货时间等。

如果需要合作的产品较多，建议商家用表格将产品信息整理清楚，同步发一张商品信息表格和表格截图。截图方便达人用手机也能直接将所有商品一览无余，表格方便达人在电脑端查看更加详细的商品信息。

5. 做好与达人关系的日常维护

没人不喜欢说好话的人，可以在沟通中适当地赞扬对方。对接工作时不要冷冰冰的，像个没有感情的工作机器，要用真诚去打动对方。即使这次因为某种原因没有达成合作，也应该保持联系，以便后续有合作机会。

6. 建立达人数据库

将合作过的达人信息分类整理好，等下次有需要的时候就会节省很多搜索成本，跟经常合作的达人对接也会大大降低沟通成本。

三、在主页展示淘宝购物车图标

目前很多做淘宝店的商家都会同时经营自己的抖音号，毕竟现在抖音是一个流量的聚集地，里面可以吸引很多的人来关注，如果粉丝足够多就可以利用抖音来引流推广自己的淘宝店。抖音推广较为直接的方式是在主页展示淘宝购物车。

打开抖音移动端后，点击页面右下角的"我"选项；打开个人资料主页，点击 ▤ 按钮，在展开的面板中选择"创作者服务中心"选项；在打开的页面中点击"商品橱窗"选项，继续在打开的页面中点击"商品分享权限"选项，申请商品分享权限并开通商品分享功能，然后把淘宝网店中的商品加入抖音的展示橱窗中。图8-5所示为开通商品分享功能的相关操作。

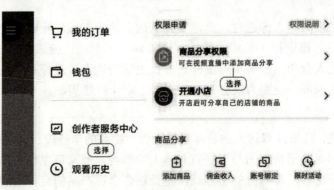

图 8-5　开通商品分享功能的相关操作

消费者打开短视频主页后可以看到购物车的图标，点击"购物车"打开商品显示页面，点击"去淘宝看看"跳转至淘宝页面，如图 8-6 所示。这种引流方式比较直接，可以帮助提高销量，增加店铺曝光率和知名度，也可以帮助买家方便快捷地购买自己喜欢的商品。需要注意的是，商家发布的视频应紧密结合商品，且短视频标题中要有明确的网店指向。

图 8-6　短视频主页显示购物车图标及跳转淘宝页面

四、利用评论引流

利用评论引流也是抖音比较常用的引流方式。通过用户评论功能与粉丝进行更好的互动，商家可以为账号带来更多的人气，图 8-7 所示为用户评论。相对于点赞来说，让用户评论比较难，因为很多人可能会把购物车看作广告，因而影响引流效果。为了避免出现这种误会，商家可以将评论置顶，告知粉丝购买途径，这样，有兴趣的消费者可以到相应的淘宝网店中购买，借以引导用户更大范围地互动。除此之外，商家还可以在优质内容的评论区里发表评论引流。例如，可以在同行或者同一领域的热门作品的评论区发表评论，为自己的商品和账号引流。

五、通过私信引流

有时候用户会选择通过私信的方式向商家提一些问题或者分享一些事情，尤其是在教程类、技巧类、实用知识类短视频中比较常见，商家看到之后要及时回复这些用户的留言。同时，发送的私信内容应简单明了，可以直接表明目的和淘宝网店，甚至可以将这些信息做成

图 8-7　用户评论

电子名片，利用私信将电子名片发送给消费者，实现为淘宝网店引流的目的。

这种引流方式类似于广泛发布广告，可以起到提高知名度的作用。但同时，这也可能会引起一部分人的反感。

第三节 微信引流

微信是基于智能移动设备的即时通信软件，对于商家来说，也是可以及时与用户互动的交流平台。微信渗透率高、覆盖面广，涉及人们生活和工作的方方面面，拥有巨大的流量。用户注册微信后，可与周围同样注册的"朋友"形成一种联系，用户订阅自己所需的信息，商家通过提供用户需要的信息，推广自己的网站和页面，从而实现点对点的交流。所以，商家要想在电商领域有所作为，就必须充分利用微信这个站外引流的重要渠道。

一、通过微信朋友圈引流

目前，微信朋友圈已经成为大众日常生活必不可少的一部分，每天浏览微信朋友圈已经成为大部分人的生活习惯。商家在微信朋友圈营销，可以将微信朋友圈的流量引入网店，从而提升网店的销售业绩。

1. 微信朋友圈引流方式

微信朋友圈是重要的商品信息发布渠道，能够为商品引流，商家也容易借助该渠道与粉丝进行互动交流。商家可以通过以下几种方式在微信朋友圈中为淘宝店引流。

1) 分享淘宝移动端商品链接

打开淘宝移动端之后，进入网店并选择一款商品，建议选择销量较高的商品，点击主图下方的"分享"按钮，选择分享到"朋友圈"。保存好主页的图文素材，点击"发朋友圈"按钮，在微信朋友圈中发布这条内容，然后在淘宝商品页中复制淘口令，并在该条微信朋友圈评论区粘贴淘口令。图8-8所示为分享商品链接到微信朋友圈的部分操作。

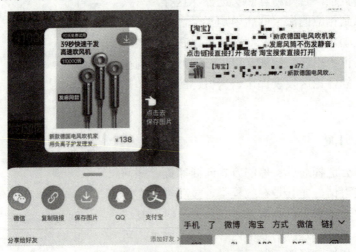

图8-8　分享商品链接到朋友圈的部分操作

这种引流方式非常简单，粉丝在看到这条内容中的商品之后，如果对商品感兴趣，复制淘口令，然后打开淘宝移动端，就能够直接进入商品页面。对于商家而言，可以直接使用淘宝官方提供的商品图片，比较便捷，这样可以实现精准引流。

　　2) 在生活分享中植入广告

　　直接分享商品链接这种方法虽然操作简单，但很可能引起微信朋友圈好友的反感。特别是对于商家来说，微信好友的数量非常多，有些可能根本就不认识，此时采用生活分享的方式来进行商品或网店推广，会给微信好友亲切、自然的感觉，让他们在不知不觉中认可商家所分享的信息，达到软推广的目的，同时还有利于树立商家的形象，让微信好友觉得商家是个有生活情调的人。发布生活分享类微信朋友圈并不复杂，只要写出生活中的趣事，然后将需要推广的信息自然而然地融入其中，让微信好友在真实的生活场景中了解推广信息即可。

2. 微信朋友圈引流技巧

　　在微信朋友圈中发布商品信息可能会引起部分微信好友的反感，因此，为了让微信好友接受商家在微信朋友圈中发布商品信息，商家需要掌握以下技巧。

　　1) 适度发布商品信息

　　发送朋友圈的频率一定要合适，并不是越多越好，可以适当地在微信朋友圈中发布商品上新信息、商品详情信息、优惠活动、特色功能等内容。需要注意的是，在微信朋友圈发布商品信息不能太频繁，一天一到两次或两天一次较好。

　　2) 上传图片要清晰

　　商家发送的图片必须具有较高的清晰度和识别度，这样才能给粉丝留下良好的印象。产品图片足够清晰，粉丝才更容易了解产品，从而产生购买欲望；反之，如果画面模糊，粉丝可能会觉得商家在掩饰什么，产生不安全感，即使原本打算购买，最终也会放弃。

二、在微信公众号分享网店信息

　　微信公众号是一种非常有效的网络营销工具，拥有巨大的阅读量，是目前电商营销的主要阵地。商家可以直接在微信公众号中发布网店及商品的相关信息，也可以与一些较为成熟的、订阅群体与网店目标粉丝一致的微信公众号合作，在微信公众号中分享网店信息，为网店引流。

　　长期维护一个微信公众号需要花费大量的时间，因此一些中小网店可以采用与成熟微信公众号合作的方式为网店引流。一方面，成熟的微信公众号拥有较多的关注人数和点击量；另一方面，成熟的微信公众号在文章创作能力、资源获取能力方面也远远强于新建的微信公众号，因此，这种方式目前被许多商家采用。

　　当然，与成熟微信公众号合作需要支付一定的广告费，因此出于成本效益的考量，广告如何投放至关重要。怎样从众多的微信公众号当中选择适合自己的合作对象，成了商家必须考虑的问题。一般来说，商家可以从以下五个方面入手。

1. 选择适合的公众号

　　首先要确定自己所推广的淘宝产品主要针对的是哪类人群，然后根据这类人群的特点，选择适合的公众号。比如，如果要推广的是健康食品，可以选择一些健康生活类的公众号；如果要推广的是时尚饰品，可以选择一些时尚美妆类的公众号。

2. 内容要具有吸引力

在公众号上推广淘宝产品，内容的吸引力十分重要，需要编写有趣、实用和有价值的内容，吸引消费者的注意力。比如，可以写一些产品的使用心得、配送体验、使用技巧等，让消费者更加了解产品。

3. 提供折扣优惠

折扣优惠是非常有效的促销手段。在微信公众号中提供一些折扣优惠券或者一些优惠活动，可以吸引更多的消费者购买产品。需要注意的是，要让消费者了解优惠活动的具体内容和使用规则。

4. 建立良好的互动机制

良好的互动机制可以促进消费者和商家之间的沟通，让消费者更加了解产品和购买渠道。比如，可以设置一些在线客服，随时解答消费者的问题，这样能够增加消费者的信任度，提高转化率。

5. 查看微信公众号的自我定位、阅读量

通过查看微信公众号头像、自我介绍、原创文章数量（见图 8-9）以及关注该微信公众号的好友数量，可以了解微信公众号的内容定位、创作能力等。点击微信公众号的近期推文，拉到文末可以查看其阅读量、点赞数（见图 8-10），从而直观地了解微信公众号的影响力。

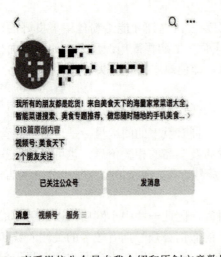
图 8-9　查看微信公众号自我介绍和原创文章数量

图 8-10　查看微信公众号阅读量、点赞数

三、利用微信群引流

俗话说，有人的地方就会有流量，微信群就是一个非常好的引流池塘。微信群既可以作为与消费者互动的途径，也可以成为商家的引流利器。商家在微信群中与消费者交流时，可以发布网店或商品的信息，通过向消费者发放优惠券等方式引导消费者到网店中购买，还可以在微信群中发布直播预告、新品预告及优惠力度等，引导消费者观看直播，进而提高成交率。

▶ ▶ 🛒 第四节　微 博 引 流

　　微博引流是指商家将微博上的流量引入网店的行为。微博是即时信息传播平台，在信息传播和分享的过程中，可以让用户快速、准确地获取有价值的内容。微博引流是一个大的门类，其中分很多不同的渠道，例如微博内容引流、微博群引流、微博活动引流、微博热门话题引流、微博达人引流等。现在有越来越多的商家在微博中运用各种手段为网店引流。

一、发布微博内容引流

　　微博是公共资讯传播平台，信息的传播速度较快。微博拥有大量用户，每天产生的信息量非常庞大，每一位用户只会关注自己感兴趣的信息。在微博引流的各种方式中，通过发布内容引流是较重要、较有长期价值的一种方式。

　　微博中的信息是碎片化的，商家可以发布以下几种内容来为网店引流。

1. 买家秀

　　商家可以发布效果好的买家秀图片或视频，从而为网店营销，此举的说服力比商家自己称赞商品要强得多。为此，商家可以鼓励消费者发布买家秀微博，然后转发这些微博，并附上评价，以达到更好的传播效果，如图8-11所示。当网店积累一定数量的消费者后，还可以在微博发布名为"xx店买家秀"的话题，为网店和商品带来更多流量。

图 8-11　消费者发布买家秀

2. 店铺优惠或上新信息

此类微博内容旨在将网店促销、新品上架等信息直接传达给粉丝，通过商品自身的品质或者促销活动来吸引用户查看商品，达到为网店引流的效果。这类微博内容对文案要求比较低，商家只需要将店内商品详情页使用的文案加以修改和提炼，再配上高质量且清晰的商品图片，最后附上商品链接或网店地址即可。图 8-12 所示为某淘宝网店在微博中发布的附商品链接的网店上新信息。需要注意的是，此类微博内容的趣味性不强，因此，在编写此类微博内容时商家要提炼卖点，根据用户的痛点需求组织话术，以拉近和用户之间的距离，提升用户的关注度。

图 8-12   附商品链接的网店上新信息

3. 有奖互动活动

微博具有很强的互动性，商家可以利用微博与粉丝互动，不定期在微博中发福利，表达对粉丝的重视和关爱，如果发布的内容受到粉丝喜欢，粉丝就会自觉转发，商家就会获得更多关注。因此，商家要将微博账号拟人化，让账号充分体现亲和力。商家除了日常回复、转发留言，还可以经常发布一些话题或投票活动，许诺参与互动有奖。活动的获奖规则可以灵活多样，如第 5 楼、第 8 楼回复有奖，转发抽奖等。图 8-13 所示为某淘宝商家在微博中发布的抽奖互动活动内容，虽然中奖人数很少，但是可以激发用户的参与热情。在微博中开展有奖互动活动，既可以与用户互动，为网店引流，又可以达到宣传网店商品的目的，并及时获取用户的反馈，一举多得。

图 8-13 抽奖互动活动内容

4. 商品测评

相对于其他平台，微博的写作门槛较高，适合具备丰富专业知识的商家。对于常见的护肤类、彩妆类、母婴类等产品，消费者在不太了解其功效原理、使用效果的前提下，通常会在购买前参考网上的相关测评。如果商家能利用好自身具备的专业知识，深度分析商品的功能、质量、使用感受等，同时和其他同类商品相比较，凸显自身商品的优势，最后发布既有深度又通俗易懂能引发用户共鸣的文章，就很容易获得高收藏量和转发量，吸引更多消费者购买商品。商家在编写文案前，要亲身试用、体验商品，并在文章附上前后对比图，这样才能使文章更具有说服力。更重要的是，商家还可以在文章中巧妙植入商品或网店信息，比如在展示商品时附上网店链接或者二维码，为网店引流。

二、与微博达人合作引流

微博是达人裂变、传播的发源地，为达人和粉丝提供了丰富的互动方式。同时，微博在达人的个人宣传和形象管理中也发挥着重要作用。因此，微博目前仍是达人与粉丝们互动的第一平台，是达人实现流量变现的主要社交平台，也是淘宝全生态开放战略下最典型的代表。微博包含了内容、社群、电商三大商务变现模式，而电商是最直接的一部分。

目前，微博上的达人主要分为四类，且不同类型的微博达人性质、特点也不一样，商家在选择时可以根据自身实际情况做决定。

(1)"草根"微博达人。"草根"微博达人多为内容创作者，以实现盈利为主，且多为早期加入微博的一批人，因此粉丝基础牢固，具有很强的影响力。

(2)认证"加V"用户。认证"加V"用户多为个人分享者，不以实现盈利为主，因此可信度较高。同时，这类微博达人的个人介绍中有明确的认证信息，商家可以将这些信息作为筛选这类微博达人的依据。

(3)演艺人员。演艺人员具有很高的知名度，其影响范围不局限于微博，粉丝基数也很大。这类微博达人可能还会成为品牌方的代言人，普通淘宝商家与之合作需要付出较高的成本。

(4)网络红人。网络红人通常由专门的网络机构孵化出来，依靠网络而生，在一定领域内具有很强的影响力，且转发费用较高。

三、微博引流的其他方式

微博引流是基于粉丝积累的运营行为，商家要注重价值传递、内容互动、系统布局和准确定位。通过微博向粉丝传播品牌信息、商品信息，商家可以树立良好的网店形象，扩大品牌影响力。

除了发布微博内容为淘宝网店引流，还可以使用以下三种方式引流。

1. 热点新闻

微博是最不缺新闻的地方，不管是随时随地更新的热搜榜还是超级话题的新闻，都是可以用来引流的热点。当然商家要做的就是通过这些热点新闻来给自己的产品或品牌做宣传和推广，因为新闻关注度高，这种方式是可以起到不错效果的。

2. 关键词

关键词其实就是在发布微博的时候，添加在中间的相关关键词。关键词可以是自己的产品或者品牌，也可以是其他热点词汇，只要是能引来流量的，都可以作为关键词。

3. 头条文章

头条文章通常是出现在微博搜索列表中，排行第一的文章。对于营销朋友们来说，是可以通过占领头条文章来为自己引流的。头条被点击的概率是很大的，这也就决定了它在很大程度上可以为营销账号引来许多粉丝和流量。

▶▶ 🛒 第五节　花西子的站外引流

花西子2017年成立后提出"东方彩妆，以花养妆"的品牌理念，整个品牌诠释花西子"花卉之形，时尚之美""古典之窗，东方之韵""融汇共生，平衡之美"的概念，让品牌自带"文化资产"，搭配国潮文化的崛起，激发国人对国货美妆的重新认识，同时也打造国人对花西子的品牌定位认知。

花西子邀请有高冷气质、东方韵味的中国模特——杜鹃做品牌代言人，告诉国人花西子要为世界打开一扇东方之窗。如图 8-14 所示。

图 8-14　花西子形象代言人

一、花西子的抖音引流

2020 年花西子才真正布局抖音引流策略。抖音上榜数据显示，2024 年 6 月，花西子抖音账号"花西子 Florasis"粉丝总数 1201 万，点赞总数 1996 万，数据还算不错。

花西子的作品在内容上主要以妆教学堂、东方匠人、品牌大片以及新品体验为主，围绕花西子的定位，给观众带来美的体验。除此之外不乏直播预热视频和带货视频，图 8-15 所示为花西子 4 周年直播预热活动。

图 8-15　花西子 4 周年直播预热活动

除此之外，花西子还与其他类型的账号进行了合作，这些账号所拥有的粉丝与花西子的目标人群相符。图 8-16 所示为其他类型的账号发布的花西子商品短视频。

图 8-16　其他类型的账号发布的花西子商品短视频

二、花西子的微信运营

　　和完美日记相同，花西子也有自己的人格 IP——花小西。花小西既有企业微信也有个人微信及公众号，如图 8-17 所示。其主要功能是做客服服务并邀请用户使用淘宝 ID 注册体验官。

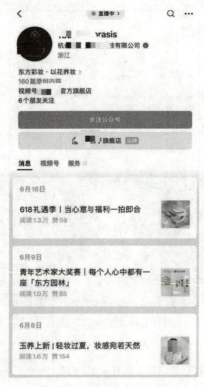

图 8-17　花西子在微信中开设的账号

第六节　综合实训

对于淘宝商家而言，有流量才有销量，从微博、微信、抖音等平台获取站外流量非常重要。特别是中小商家，需要了解站外引流平台，掌握从站外引流的操作方法和技巧。下面通过综合实训对这些引流方法和技巧进行练习和巩固。

一、利用微博为女装店引流

"图兰朵"是一家淘宝女装店，其主打商品是夏季限定连衣裙。夏季限定连衣裙即将上新，"图兰朵"希望借这个时机进一步扩大网店在微博的影响力，为淘宝网店引流。此前，"图兰朵"的微博运营侧重于消费者积累，以分享的方式向消费者介绍商品，展示模特上身效果，并没有引导下单。这次"图兰朵"决定从新品发布开始逐步将消费者引向淘宝网店。请为"图兰朵"选择合适的微博引流方法。

实训要求：

(1) 掌握商家自主推广引流的方法，并根据网店实际情况采取合适的推广引流方法。

(2) 根据网店的要求，为网店制订合理的微博引流方案。

二、利用抖音为女装店引流

"图兰朵"有一位员工喜欢玩抖音，该员工发现很多商家利用抖音短视频为淘宝网店引流，于是将这个发现告诉了领导。在一番思考之后，领导决定开设"图兰朵"抖音账号，发布短视频。"图兰朵"的衣服非常精致且显身材，不少消费者在评论中夸赞过。"图兰朵"不打算开设抖音小店，只想在抖音上推广商品，但是，还没确定短视频的内容，不知道如何为淘宝网店引流。

实训要求：

(1) 掌握短视频拍摄思路，为网店找到合适的短视频风格。

(2) 掌握抖音引流的方式，根据网店要求选择合适的引流方式。

 本章回顾

本章主要介绍了几种站外引流的方式，重点阐述了如何利用抖音、微博、微信公众号等平台引流以及相应的引流步骤，再结合综合案例，进一步了解站外引流的策略。

思考练习

一、简答题

1. 简述微博达人的四种类型。

2. 简述利用微信群进行引流的方法。

3. 广告引流有哪些方式？

二、案例分析

假设你开了网店，成为一款牛奶产品的代理商，请设计这个网店的站外引流策略。

参考答案

第九章 跨境电商的网店运营

学习目标

1. 了解跨境电商的主流运营平台。
2. 了解跨境电商平台的盈利模式。
3. 了解跨境电商产品推广的常见方法。

思政目标

1. 培养学生的钻研精神，并学会用发展的眼光看问题。
2. 培养学生的鉴别能力，提升其专业素养。

 知识结构图

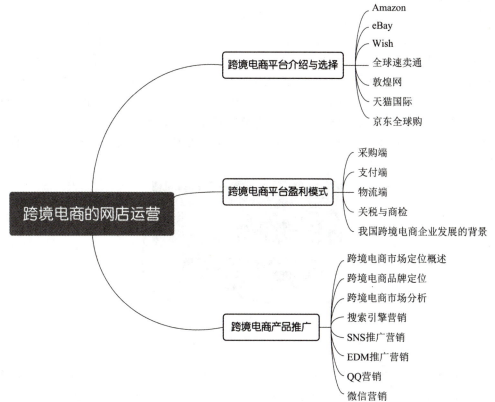

案例导入

　　小刘接触到跨境电商，于是信心十足地打算开设一个饰品类的跨境网店，但他却无从下手。他不知道选择什么样的平台，以及如何去完成产品的发布、详情页设计、店铺装修等基本操作，也不知道怎样做才能够确保销量。

思考题

请你指导小张，如何开设运营一个跨境饰品类网店。

▶▶🛒 第一节　跨境电商平台介绍与选择

　　跨境电商是指分属不同关境的贸易主体，在电子商务平台上通过电子支付的形式，并通过跨境物流送达商品、完成交易的一种国际商业活动。随着互联网的发展，跨境电商作为一种全新的贸易方式，受到越来越多用户的喜爱。

　　下面介绍一下目前的主流跨境平台。

一、Amazon

　　Amazon(亚马逊)是一家土生土长的美国公司，成立于 1995 年，位于美国华盛顿州的西雅图，是最早通过网络经营电子商务的公司之一。刚开始，亚马逊平台只经营书籍，但是随着业务区域的不断扩大，经营的产品类目也不断扩大。Amazon 逐步推出更多种服务，不断超越网络零售商的范围，成为一家综合服务提供商。目前，亚马逊平台的经营包括影视、音乐和游戏、电子和电脑、家居园艺用品、玩具、婴幼儿用品、食品、服饰、鞋类和珠宝、健康和个人护理用品、体育及户外用品、玩具、汽车及工业产品等。Amazon 分为北美平台、欧洲平台、亚洲平台。北美平台主要分为美国、加拿大；欧洲平台主要分为英国、德国、意大利、法国、西班牙；亚洲平台主要是中国、日本。图 9-1 所示为亚马逊公司大楼一角。

图 9-1　亚马逊公司大楼一角

1. 亚马逊账户类型

　　亚马逊账户类型有个人销售计划 (Individual) 和专业销售计划 (Professional)。无论个人还是公司都可以申请"个人账户 (Individual)"；同样，不论个人还是公司也都可以申请"专

业账户 (Professional)"。

无论个人还是公司，都可以注册这两种销售计划。这两种计划的主要区别在于费用结构和功能使用权限不同。以美国市场为例，"个人销售计划"会被按件收取费用，而"专业销售计划"账户则需要支付月度的订阅费。以上两种销售计划之间是可以相互转化的。如果卖家注册了个人销售计划，之后也可以在后台自助升级为专业销售计划；如果卖家注册了专业销售计划，后续也可以降级为个人销售计划。所以，卖家若想在亚马逊销售，就算没有公司资质，一样可以在亚马逊上申请一个专业销售计划。

2. 亚马逊平台规则

亚马逊独有的 Listing 机制，是亚马逊为了营造一个健康良性的竞争体系，希望更多的供应商和制造商给出质量最好、价格最优惠的产品而设置的。所以，当一个卖家上传了某个产品的页面，这个页面的控制权就不再是这个当初创建页面的卖家的了，所有的数据信息包括图片，都保存在亚马逊的后台，所有卖家只要有这个类别的销售权限，就可以点击"Have one to sell？-Sell on Amazon"，然后开始也卖这个产品。例如，A 卖家创建了一个产品页，其他同款卖家看见后可以在上面增加一个按钮链接到自己的产品，也在这个页面里面卖这个产品。这样就出现了一个产品页面底下有几个、几十个甚至更多的卖家在卖这个产品的情况。这对新卖家来说是好机会，可以分享别人的流量，但也很容易直接引发价格战。采取跟卖策略的卖家，必须遵循跟卖的规则：首先确认必须卖正品，不可以卖假货；其次，需要确认产品必须 100% 一致，包括每一个细节，不可以有出入；最后，还要注意不要有侵权问题，一旦被投诉侵权，就会被平台处罚。

跟卖的优势：

(1) 不用自己去创建页面，想卖就卖，不想卖就下架，省时省力省心。

(2) 商品的出价会立即出现在排名靠前的 Listing 中。

(3) 直接效果就是单量的增加带动流量上升，自己上架的其他产品也可能被卖出去。

跟卖的风险：

(1) 直接引发价格战，导致低利润。

(2) 容易被 Listing 所有者投诉侵权，一旦投诉成功就会被封账号。

二、eBay

1. eBay 平台简介

eBay 平台创办于 1995 年的美国加利福尼亚。在创立之初，它只是一个商品拍卖的平台，用户在平台上可以针对自己的商品发起拍卖。如今 eBay 已经成长为一家从事各类商品销售的 B2C 销售平台，其强大的平台优势和旗下美国市场占有率第一的支付工具 Paypal 为全球商家提供网上零售服务。eBay 已经拥有超过 3.8 亿的全球买家，40 个站点分布全球，在 215 个国家都有 eBay 的买家。eBay 平台允许个人注册，在收费上分为刊登费和成交费两类费用。eBay 平台面对不同的国家，收费也是不一样的。如果开设店铺，是按月或按年计费单独计收店铺费的；作为免费卖家，允许最多刊登 50 款产品，超过 50 款产品后，需要额外收费。而开设店铺可免费刊登产品的数量就会大幅提升。另外，eBay 平台为了提高产品的曝光度以加大流量，还设置了一些特色功能，包括在搜索结果中使用大图片、使用产品展示主题等，但个案用户须缴纳相关的费用。这样看来，eBay 平台可以理解为一个完全自由选择的大型市场，在市场中如何销售，用什么样的方式去销售，取决于用户在这个市场中选择了哪些服务。如图 9-2 所示为 eBay 公司的 logo。

图 9-2　eBay 公司的 logo

通过 eBay 的全球平台，中国卖家的支付、语言、政策、品牌、物流等问题得到了很好的解决，因而在出口电商网络零售领域发挥出了自身优势，将产品销售到世界各国，直接面对亿万消费者。中国卖家可通过 eBay 推广自有品牌，提升世界地位认可度。

2. eBay 平台规则

eBay 希望卖家能持续不断地提供优质服务以提高买家的满意度。为了让买家拥有更好的购物体验，卖家在刊登物品和提供物流服务时须符合以下准则。

1) 刊登规则

正确描述刊登的物品信息不仅可以提高成交率，也有助于避免卖家交易过后因物品描述不符而产生不必要的交易纠纷；不正确的刊登描述会扰乱 eBay 市场交易秩序。刊登描述不当会导致违规商品被删除、账户受限，严重者账户会被冻结。在刊登物品时，卖家应特别注意以下规则：

(1) 选择正确的物品分类。物品必须刊登在正确的类别中，如某物品存在多级子分类，需将物品刊登在相对应的分类中。例如，戒指需要登录在"珠宝 > 戒指"分类中，而不能登录在"珠宝 > 其他"分类中。

(2) 正确设置物品所在地。卖家必须在"物品所在地"栏如实填写物品寄出地点。一般情况下物品所在地需与账户信息相符，如果物品所在地在外地或其他国家，务必在刊登时选择真实的所在地 (不能仅在物品描述中作声明)，以避免日后不必要的交易纠纷；需特别注意运费的设置要与物品所在地相匹配。若账户信息为中国，物品所在地为美国，物品被一个美国卖家拍下，运费价格需与美国当地运费相匹配，而不能设置为中国到美国的运费。

(3) 使用符合 eBay 标准的链接。在 eBay 刊登物品时，可以在物品描述中使用一些链接来帮助促销物品。但是，有些类型的链接是不允许的，例如不能链接到个人或商业网站。任何链接均不能指向 eBay 以外含物品销售信息的页面。

(4) 物品图片标准。高品质的图片能给买家提供更好的购物体验，使物品更容易售出，因此 eBay 对物品图片刊登有一套详细标准：

① 所有物品刊登必须至少包含一张图片；

② 图片的长边不得低于 500 像素 (建议高于 800 像素)；

③ 图片不得包含任何边框、文字或插图；

④ 二手物品刊登不得使用 eBay catalog 图片；

⑤ 必须尊重知识产权，不得盗用他人的图片及描述。

(5) 预售刊登必须符合预售刊登规则。预售刊登是指卖方刊登那些他们在刊登时未拥有的物品。此类刊登的物品，通常在对大众的交货日期前就已预先出售。卖方须保证自物品购买之日 (即刊登结束之日或从 eBay 店面购买刊登物品之日) 起 30 天之内可以送货，eBay 允许其有限制地刊登预售物品。

在 eBay 刊登 (预售) 物品的卖方，必须在刊登时表明：该物品为预售物品，并说明交货日期，保证物品在刊登结束之日起 30 天内送出。

此外，这些文字必须 (至少) 用 3 号 HTML 字体。对于未注明这些资讯的任何预售物品，eBay 都会结束其刊登。

2) 交易行为规范

常见的交易行为规范主要有以下两点：

(1) 严禁卖家成交不卖。当卖家刊登在 eBay 上的物品有买家成功竞标，买卖双方相当于签订了了交易合同，双方必须在诚信的基础上完成交易。根据这一合约，卖家不可以在网上成功竞标后拒绝实际成交、收到货款不发货。

如果因为卖家物品本身的原因无法完成交易 (如损坏)，卖家须及时与买家沟通，解释说明并提供解决方案，以获得买家的理解与谅解。虽然在这种情况下，eBay 鼓励买家与卖家进行沟通，获取新的解决方案，但买家不一定要接受卖家的新建议。所以，请卖家在刊登商品时务必熟知商品库存，在收到款项后及时发货，避免违反此政策。

(2) 禁止卖家自我抬价。自我抬价是指人为抬高物品价格，以提高物品价格或增大需求为目的的出价行为，或者是能够获得一般大众无法获得的卖家物品信息的个人的出价；也就是说，卖家在竞拍的过程中，通过注册或操纵其他用户名虚假出价，或者是由卖家本人或与卖家有关联的人进行出价，从而达到将价格抬高的目的。

自我抬价以不公平的手段来提高物品价格，会造成买家不信任出价系统，为 eBay 全球网络交易带来负面的影响。此外，这种行为在全球很多地方都是法律禁止的。为确保 eBay 全球交易的公平公正，eBay 禁止抬价。由于卖家的家人、朋友和同事可以从卖家那里得到其他用户无法得到的物品信息，因此即使他们有意购买物品，为保证公平竞价，亦不应参与出价竞投。不过，家人、朋友和同事可在不违反本政策的条件下，以 " 一口价 " 的方式直接购买物品。如果买家认为有会员利用假出价动作提高价格或热门程度，可向 eBay 检举，并提供 " 会员账号 " 和物品编号。

三、Wish

1. Wish 平台简介

Wish 平台是近年来中国跨境 B2C 平台上最炙手可热的平台之一。它成立于 2011 年 12 月。准确来说，Wish 平台不能叫作传统意义上的电商平台，而是一个移动电商平台。Wish 平台的理念就是完全回归消费者的喜好，而不用太多的推广方式或关键词等来进行营销。作为较新的电商平台 Wish，它的一组组令人尖叫的数据使它在中国跨境电商领域迅速蹿红。Wish 的优势在于坚持追求简单直接的风格，不讨好大卖家，也不扶持小卖家，全部通过技术算法将消费者与想要购买的物品连接起来。卖家进驻门槛低，平台流量大，成单率高，利润率远高于传统电商平台。Wish 平台与 PC 端展开差异化竞争，利用移动平台的特点，卖家不用牺牲产品价格来获取流量。如图 9-3 所示为 Wish 的 logo。

图 9-3　Wish logo

2. Wish 平台规则

Wish 与其他平台最大的区别是：Wish 主要使用手机 APP 购物，因此在上传产品时不能按照以往的方式来做；另外，Wish 与传统的产品展示方法不同，它根据用户的基本信息和浏览记录等行为给用户打上"标签"，并不断收集记录更正这些信息，为用户创建多维度兴趣"标签"，依据这些多维度兴趣"标签"和一定的算法来给客户进行相关产品的推荐，以提高推荐产品的准确性。因此，卖家在上传产品时，要注意产品的标题、图片、价格、属性、标签等问题。

(1) Wish 标题简洁明了，与产品相关性强，其搜索权重小；不能够像速卖通或者其他平台一样，通过堆砌关键词来获得搜索流量。

(2) 由于 Wish 是手机 APP 购物，因此，图片不应过多，4～8 张为宜。图片质量要高，应为 400×400 以上像素，方形。

(3) 颜色和尺码的属性选择以及准确的产品描述有利于提升产品推送曝光度。

(4) 产品价格和运费占比要合理。Wish 不提倡价格战，但是合理的价格定位还是有助于提升转化率。产品价格不应太高，15～30 美元为宜，价格太高转化率就会很低。

(5) Tags(标签)搜索权重大，应尤为重视。Tags 最多 10 个，位置越靠前，权重越大，所以要把重要的写在前面。Tags 涉及推送之后的转化率，因此一定要能够精准说明产品，尽量包含一些大词和流行词。

四、全球速卖通

1. 全球速卖通简介

全球速卖通 (AliExpress) 正式上线于 2010 年 4 月，是阿里巴巴旗下唯一面向全球市场打造的在线交易平台，被广大卖家称为"国际版淘宝"。全球速卖通面向海外买家，通过支付宝国际账户进行担保交易，并使用国际快递发货，是全球第三大英文在线购物网站。全球速卖通已经覆盖 230 多个国家和地区的买家；覆盖服装服饰、3C、家居、饰品等共30 个一级行业类目；其优势行业主要有服装服饰、手机通信、鞋包、美容健康、珠宝手表、消费电子、电脑网络、家居、汽车摩托车配件、灯具等。全球速卖通 (AliExpress) 是阿里巴巴为帮助中小企业接触终端批发零售商、小批量多批次快速销售、拓展利润空间而全力打造的融合订单、支付、物流于一体的外贸在线交易平台。如图 9-4 所示为全球速卖通的logo。

图 9-4　全球速卖通 logo

2. 全球速卖通发布存在的问题

全球速卖通发布存在的具体问题如下。

1) 类目错放

类目错放是指商品实际类别与发布商品所选择的类目不一致。这类错误可能导致网站前台商品展示在错误的类目下。对此，平台会进行规范和处理，检查错放产品的类目信息，进行修改。例如，将手机壳错放到化妆包"Cosmetic Bags & Cases"中，正确的类目应该为：电话和通信 (Phones & Telecommunications) > 手机配件和零件 (Mobile Phone Accessories & Parts) > 手机包 / 手机壳 (Mobile Phone Bags & Cases)。

2) 属性错选

属性错选是指用户发布商品时，虽然类目选择正确，但选择的属性与商品的实际属性不一致的情形。这类错误可能导致网站前台商品展示在错误的属性下。对此，平台会进行规范和处理，检查错放产品的属性信息，进行修改。例如，该商品为"short sleeve"，但是在商品发布时卖家选择了属性"sleevelength"的"full"属性值，则在前台导航时，若用户选择了"full"，则该商品会被展示出来，属于错误曝光的一种，影响了这件商品的成交转化。

对于属性错选的商品，平台在搜索排名中将该商品靠后排，并将该商品记录到搜索作弊违规商品总数里；当店铺搜索作弊违规商品总数累计达到一定量后，再给予整个店铺不同程度的搜索排名靠后处理；情节严重的，将对店铺进行屏蔽；情节特别严重的，将冻结账户或直接关闭账户。

3) 标题堆砌

标题堆砌是指商品标题描述中出现关键词使用多次的行为。例如，在"StocklacewigRemy Full lace wig Straightwigs Human Lace wigs #1 Jet Black 16 inch"这个标题中，wig 及 wigs 出现了四次，这样的标题给买家的阅读感受非常差。商品标题是吸引买家进入商品详情页的重要因素，字数不应太多，应尽量准确、完整、简洁，用一句完整的语句描述商品。如描述一件婚纱：Ball Gown Sweetheart Chapel TrainSatin Lace Wedding Dress，这里包含了婚纱的领型、轮廓外形、拖尾款式、材质，用 wedding dress 来表达商品的核心关键词。

对标题堆砌的商品，平台在搜索排名中将其靠后排，并将该商品记录到搜索作弊违规商品总数里；当店铺搜索作弊违规商品累计达到一定量后，平台再给予整个店铺不同程度的搜索排名靠后处理；情节严重的，将对店铺进行屏蔽；情节特别严重的，将冻结账户或直接关闭账户。

4) 标题类目不符

标题类目不符是指在商品类目或者标题中部分关键词与实际销售产品不相符的情况。对标题类目不符的商品，平台在搜索排名中将其靠后排，并将该商品记录到搜索作弊违规商品总数里；当店铺搜索作弊违规商品累计达到一定量后，平台再给予整个店铺不同程度的搜索排名靠后处理；情节严重的，将对店铺进行屏蔽；情节特别严重的，将冻结账户或直接关闭账户。

5) 重复铺货

重复铺货是指商品之间在标题、价格、图片、属性、详细描述等字段上无明显差异的情况。例如，图片不一样，而商品标题、属性、价格、详细描述等字段雷同，被视为重复铺货。如果需要对某些商品设置不同的打包方式，发布数量不得超过三个，超出部分的商品则视为重复铺货。同一卖家(包括拥有或实际控制的在速卖通网站上的账户)每件产品只允许发布一条在线商品，否则视为重复铺货。

对于重复铺货的商品，平台在搜索排名中将其靠后排，并将该商品记录到搜索作弊违规商品总数里；当店铺搜索作弊违规商品累计达到一定量后，再给予整个店铺不同程度的搜索排名靠后处理；情节严重的，将对店铺进行屏蔽；情节特别严重的，将冻结账户或直接关闭账户。

6) 描述不符

描述不符是指标题、图片、属性、详细描述等信息之间明显不符，信息涉嫌欺诈成分。例如，卖家设置运费以小包方式进行计算，以降低商品整个成本价格，但在详细描述中又写出要达到一定的数量才这样计算运算，这就存在对买家的欺骗，同时也加大了卖家发货后的风险。对于描述不符的商品，平台在搜索排名中将其靠后排，并将该商品记录到搜索作弊违规商品总数里，当店铺搜索作弊违规商品累计达到一定量后，再给予整个店铺不同程度的搜索排名靠后处理；情节严重的，将对店铺进行屏蔽；情节特别严重的，将冻结账户或直接关闭账户。

7) 计量单位作弊

计量单位作弊是指发布商品时，将计量单位设置成与商品常规销售方式明显不符的单位；或将标题、描述里的包装物作销售数量计算，并将产品价格平摊到包装物上，误导买家的行为。例如，卖家展示出售 120 pieces of shoes。依据常理鞋子不按单只出售，买家认为收到的会是 120 pairs of shoes，但卖家发出的仅是 60 pairs of shoes，并声称写明的 120 pieces of shoes 即等于 60 pairs of shoes。对计量单位作弊的商品，平台在搜索排名中将其靠后排，并将该商品记录到搜索作弊违规商品总数里；当店铺搜索作弊违规商品累计达到一定量后，再给予整个店铺不同程度的搜索排名靠后处理；情节严重的，将对店铺进行屏蔽；情节特别严重的，将冻结账户或直接关闭账户。

8) SKU 作弊

SKU(Stock Keeping Unit)，即库存进出计量的基本单元，可以以件、盒、托盘等为单位。SKU 作弊指卖家通过刻意规避商品 SKU 设置规则，滥用商品属性(如套餐、配件等)设置过低或者不真实的价格，使商品排序靠前(如价格排序)的行为；或者在同一个商品的属性选择区放置不同商品的行为。

例如，将不同的商品放在一个链接里出售；将正常商品和不支持出售(或非正常)的商品放在同一个链接里出售；将常规商品和商品配件(如手表和表盒)放在一个链接里出售；将不同属性商品捆绑成不同套餐或捆绑其他配件放在一个链接里出售；在手机整机类目中，以排序靠前为目的，自定义买家极少购买的套餐，如裸机、不带任何附件(包含且不限于)等套餐。对于 SKU 作弊的商品，平台在搜索排名中将其靠后排，并将该商品记录到搜索作弊违规商品总数里；当店铺搜索作弊违规商品累计达到一定量后，再给予整个店铺不同程度的搜索排名靠后处理；情节严重的，将对店铺进行屏蔽；情节特别严重的，将冻结账户或直接关闭账户。

3. 全球速卖通评价规则

全球速卖通平台的评价分为信用评价及卖家分项评价两类。

信用评价，是指交易的买卖双方在订单交易结束后对对方信用状况的评价，包括五分制评分和评论两部分。卖家分项评价，是指买家在订单交易结束后以匿名的方式对卖家在交易中提供的商品描述的准确性 (items described)、沟通质量及回应速度 (communication) 和物品运送时间合理性 (shipping speed) 三方面服务做出的评价，是买家对卖家的单向评分。信用评价买卖双方可以进行互评，但卖家分项评分只能由买家对卖家做出。

五、敦煌网

敦煌网在 2004 年就已正式上线，是中国国内首个实现在线交易的跨境电商 B2B 平台，以中小额外贸批发业务为主，开创了"成功付费"的在线交易佣金模式，免去卖家注册费，只有在买卖双方交易成功后才收取相应的手续费，将传统的外贸电子商务信息平台升级为真正的在线交易平台。作为国际贸易领域 B2B 电子商务的创新者，敦煌网充分考虑了国际贸易的特殊性，全新融合了新兴的电子商务和传统的国际贸易，为国际贸易的操作提供专业有效的信息流、安全可靠的资金流、快捷简便的物流等服务，是国际贸易领域一个重大的革新，掀开了中国国际贸易领域新的篇章。敦煌网的优势在于较早推出增值金融服务，根据自身交易平台的数据为敦煌网商户提供无实物抵押、无第三方担保的网络融资服务。其还在行业内部率先推出 APP 应用，不仅解决了跨境电商交易中的沟通和时差问题，而且还打通了订单交易的整个购物流程。目前，敦煌网已经具备 120 多万家国内供应商在线、3000 万种商品、遍布全球 224 个国家和地区的 550 万买家的规模。如图 9-5 所示为敦煌网网站首页。

图 9-5　敦煌网网站首页

1. 敦煌网注册

注册步骤如下：

第一步：打开敦煌网主页，点击"免费注册"，填写商户信息后提交。

第二步：进行手机验证和邮箱验证以激活账号。手机验证和邮箱验证成功后，会显示注册成功，下一步进行身份认证。

第三步：进入认证页面选择认证类型，填写联系人姓名、身份证号，点击"开始认证"。

第四步：上传提交 DHgate 联系人手持身份证正面照片及反面照片 (照片清晰不含水印，保证放大后能看清身份证个人信息和身份证号，图片大小控制在 2 MB 以内，尽量为 jpg 格式)。

第五步：提交认证资料，等待审核通过。

2. 产品如实描述规则

1) 如实描述和描述不符

如实描述是指卖家在产品或者服务描述页面、店铺页面和所有敦煌网提供的沟通渠道中，对于所售产品或者服务的基本属性、成色、瑕疵、保质期等必须说明的信息进行真实、完整的描述，不存在任何夸大或者虚假的成分。描述不符是指买家所购买的产品和服务与达成交易时卖家对产品的描述和承诺的服务存在明显偏差。

2) 描述不符的类型和判断规则

(1) 外观不符是指买家所购买的产品外包装、产品颜色、尺寸、材质等通过目测可以识别的属性，与达成交易时卖家对于产品的描述有明显偏差。

(2) 功能属性不符是指买家所购买的产品的功能与达成交易时卖家对于产品相应功能的描述有明显的偏差或者属性缺失。

(3) 售后服务不符是指买家在购买某项产品或者服务时，卖家未提供或者未完全提供在产品描述中所承诺的售后服务条款。

(4) 附带品不符是指买家所购产品或者服务缺少卖家在产品描述中所承诺的附带品或者附带品与描述有明显偏差。

(5) 产品价格或者运费不符是指卖家不能按照交易达成时的产品价格或者运费执行订单，有要求买家额外支付费用的行为 (买家同意的除外)。

(6) 发货方式、发货时间和发货数量不符。

六、天猫国际

2014 年 2 月 19 日，阿里宣布天猫国际正式上线，为国内消费者直供海外原装进口商品。入驻天猫国际的商家均为中国大陆以外的公司实体，具有海外零售资质；销售的商品均原产于或销售于海外，通过国际物流经中国海关正规入关。所有天猫国际入驻商家将为其店铺配备旺旺中文咨询，并提供国内的售后服务，消费者可以像在淘宝上购物一样使用支付宝买到海外进口商品。而在物流方面，天猫国际要求商家 120 小时内完成发货，14 个工作日内到达，并保证物流信息全程可跟踪。如图 9-6 所示为天猫国际网站首页。

图 9-6 天猫国际网站首页

1. 天猫国际注册

天猫国际注册的具体要求如下。

1) 卖家保证

(1) 所有商品均属中国境外 (中国香港特别行政区、中国澳门特别行政区和中国台湾地区被视为中国内地之外) 直采，是海外原装正品。

(2) 卖家的注册地为中国境外。

(3) 向买家提供当地指定退货地点及正规退货渠道，即商品销往中国大陆的商家需提供中国大陆的指定退货地点；商品销往香港的商家需提供香港的指定退货地点；商品销往台湾的商家需提供台湾的指定退货地点。

2) 店铺命名规范

商家会员的会员名、店铺名的命名应当严格遵守《天猫国际店铺命名规范》。天猫国际店铺 ID 及域名根据商家商品所在类目、品牌属性等要素生成，如遇店铺名称已被占用等特殊情况，天猫国际有权进行适当调整。天猫国际店铺 ID 及域名一旦生成，无法修改。

如针对专营店，店铺命名的可选类目包括：对于服饰鞋包，有服饰 / 内衣 / 男装 / 女装 / 鞋类 / 箱包 / 服饰 / 男鞋 / 女鞋；对于运动户外，有运动户外 / 运动 / 户外；对于家装家居家纺，有家居 / 家居用品 / 家纺 / 装潢 / 五金 / 卫浴 / 玩具等。

3) 天猫国际入驻流程

(1) 发送运营产品数据至 @service.alibaba.com；

(2) 等待审核 (10 个工作日)；

(3) 注册国际支付宝账户 (7～10 个工作日)；

(4) 与天猫国际签署协议并支付保证金与年费 (7～10 个工作日)；

(5) 注册天猫国际账户，完成开店测试，提供所有产品文件；

(6) 网上店铺开张。

2. 天猫国际商品发布规范

天猫国际商品发布的具体要求如下。

1) 标题发布规范

标题必须包含品牌名 + 商品名称 + 其他相关描述 (如属性 / 规格 / 材质描述 / 款式描

述等)。

商品标题中不得带有任何与商品真实信息无关的文字或符号。

定制 / 预售商品标题需加上"定制 / 预售"。

2) 主图发布规范

主图图片须达到五张且必须为实物拍摄图,并且每张图片的像素必须大于或等于 800×800(自动拥有放大镜功能),除部分类目外必须为白底图。

如获得了相应品牌商品的商标使用权,则可将商品品牌 logo 放置于主图左上角,大小为主图的 1/10;卖场型旗舰店若拥有卖场品牌商标使用权,则可将卖场品牌 logo 放置于主图左上角,大小为主图的 1/10。

第一张和第二张主图必须为商品正面全貌清晰实物拍摄图。图片不得出现水印,不得包含促销、夸大描述等文字说明;该文字说明包括但不限于秒杀、限时折扣、包邮、折、满、送等。图片不得出现任何形式的边框,不得留白,不得出现拼接图。除情侣装、亲子装等特殊类目外,不得出现多个主体。

3) 类目发布规范

商品类目发布须遵守《天猫国际经营大类一览表》和《天猫国际允许跨类目经营的商品列表》,具体要求包括以下情况:商品品名上明确标示使用人群为孕妇、婴幼儿、儿童的 (适用人群包含成人),须发布在母婴行业所属类目下 (包含旗舰店);商品品名上未明确标示使用人群为孕妇、婴幼儿、儿童的 (适用人群包含孕妇、婴幼儿),须发布在商品所属行业大类下。

七、京东全球购

京东于 2015 年 4 月 16 日正式宣布上线全球购业务,涵盖来自美、法、英、日、韩、德、新西兰等国家和地区的母婴用品、服装鞋靴、礼品箱包等众多品类。京东全球购开放平台是指由香港 JD.com International Limited 公司提供平台服务的电子商务平台网站,网址为 www.JD.HK。京东全球购网站是为用户提供信息发布、交流,支持第三方经营者开设店铺并经营,支持其他技术服务的电子商务交易服务平台。如图 9-7 所示为京东全球购网站首页。

图 9-7　京东全球购物网站首页

京东全球购与海外商家的合作更为自由，包括自营模式和平台模式。其中，自营模式是京东自主采购，由保税区内专业服务商提供支持；平台模式则是通过跨境电商模式引入海外品牌商品，销售的主体直接就是海外的公司。

围绕国际化发展需要，在跨境电商领域，京东推出了"京东全球购"平台和多语言全球售跨境贸易平台en.jd.com，旨在抢占跨境电商业务市场，全面加速京东的国际化进程。"京东全球购"平台立足于进口跨境电商，目前已开设多个国家馆和地区馆。京东全球购为跨境电商企业提供了一个权威的跨境电商平台。

1. 商品发布规则

京东全球购商品具体发布规则如下。

1) 商品标题

在商品标题中可以简单明确地说明商品属性，并使用描述性的文字，但不允许滥用品牌名称及与本商品无关的字眼。

2) 商品图片

清晰美观的图片对促进交易起着重要作用，商品都需要添加图片展示。Banner图片规格为980像素×250像素，logo图片规格为180像素×60像素，商品描述图片规格宽度为700像素，分辨率均为72像素。

3) 商品描述

商品描述，是向买家展示商品的各项特征和属性。翔实的商品描述对于成功出售商品起着至关重要的作用。商品描述应对商品外观、颜色、尺寸、成分、含量、质量、包装、保修、保质期、产地、功能、用途等商品属性进行说明，这有助于买家更全面地了解商品属性。任何为吸引买家而使用的夸大描述、不实描述以及指向其他网站商品说明链接取代描述都是无效的。

4) 商品价格

市场价格是指商品在线下市场的售卖参考价格；京东全球购的商品价格是指商品在京东全球购的实际售卖价格。商家需正确合理设置商品的相应价格，不得违背市场规律和所属行业标准。

5) 商品数量

商品数量分为单品数量和单品库存数量。单品数量即SKU数量，指同一品牌中产品型号的数量，此数量不能少于60个。单品库存数量，指单个型号产品的库存数量，此数量不能为0个。

6) 商品类目

店铺在售所有商品的类目必须与京东全球购平台系统保持一致。

2. 平台违规扣分制度

京东全球购平台采用违规扣分制的监管细则。如果卖家施行违规行为将被扣除一定分数，若扣分累积到相应节点，则京东全球购平台依本规则实行相应的违规处理措施。若此细则与《京东全球购JD.HK平台管理总则》内容存在异议，以此细则为准。

(1) 违规行为包括两种类别：一般违规行为与严重违规行为。

(2) 每一种违规行为对应一个扣分分值。"一般违规行为"以25分为一次违规处理节点，每累计扣除 25 分则开始执行违规处理；"严重违规"以 25 分、50 分、75 分、100 分为节点进行相应的违规处理。

3. 售后服务管理制度

售后服务包括：商品的使用指导与咨询；客户提出的商品退货申请的处理；其他与售后相关的投诉问题的处理等。自商品售出之日（以实际收货日期为准）起 7 日内因质量等非客户原因，客户可以在线提交返修/退换申请，办理退货事宜。退货时须保持主商品完好，附件齐全，并将商品的赠品一并返回。运动健康类、家居、厨具、家装类、礼品箱包类、服饰鞋靴类、食品保健类、母婴用品类、美妆个护类、3C 数码类等出现质量问题的，须将检测报告、附件、说明书、购物凭证、包装、商品一并返回办理退货手续。属于物流损坏等原因的，须将商品及附件（说明书、包装、赠品等）、购物凭证等一并返回办理退货手续。出于安全和卫生考虑，贴身用品如内衣裤、袜子、泳衣类商品不予退货。因个人原因造成的商品损坏（如自行修改尺寸、洗涤、皮具打油、刺绣等），不予退货。食品饮料、保健食品类商品属于特殊商品，一经售出拆开包装后不予退货。母婴食品、婴儿用品、贴身衣物属于特殊商品，一经售出，不予退货。如商品由全球购商家提供退货服务，则买家需将商品自行送至卖家或邮寄至卖家。非买家个人原因导致的退货，全球购商家将补偿运费。如双方对运费有异议，京东全球购鼓励协商解决，无法协商一致时可拨打全球购客户专线：4006069933。京东全球购自营及京东全球购第三方卖家订单产生的退款只能按原支付方式返回，到账时间为储蓄卡 1～7 个工作日，信用卡 1～15 个工作日。

▶ ▶ 🛒 第二节　跨境电商平台盈利模式

盈利模式是对企业经营要素进行价值识别和管理，在经营要素中找到盈利机会，即探求企业利润来源、生产过程以及产出方式的系统方法。跨境电商平台的盈利模式是一种动态的模式，因为这种模式归结于企业战略和核心竞争力。跨境电商平台盈利模式分为自发的盈利模式和自觉的盈利模式两种。自发的盈利模式是自发形成的，企业对如何盈利以及对未来能否盈利缺乏清醒的认识，企业虽然盈利但盈利模式不明确、不清晰，这种盈利模式具有隐蔽性、模糊性，灵活性较差；自觉的盈利模式是企业通过对盈利实践的总结和对盈利模式加以自觉调整和设计而形成的，它具有清晰性、针对性、相对稳定性、环境适应性和灵活性等特征。

在市场竞争的初期和电商企业成长的不成熟阶段，很多电商平台的盈利模式是自发的。当网站发展到有一定影响力时，无形中已经在为自身做项目招商，此时可以通过授权加盟者，让加盟者在网络平台上进行运营，形成一种无形的品牌推广，在获得加盟费的同时也提高了自身在电商市场的影响力。随着市场竞争的加剧和电子商务的不断发展，电商开始重视对市场竞争和自身盈利模式的研究。即使如此，也并不是所有企业都可以找到正确的跨境电商平台盈利模式。如今，在跨境电商平台盛行的背景下，跨境电商平台盈利模式已经越来越受到广大学者的关注。相信在不久的将来，新的盈利模式会让所有的电商平台得到更快更好的发展。

一、采购端

跨境电商的采购模式一般为通过消费者订单信息决定采购品种并向供货商进行采购。目前，垂直跨境电商对该行业上下游的把握更加细致，往往采取厂商直接采购，这样既能减少被中间商盘剥利润，提高盈利质量，又可以对产品质量有着较好的保证，容易提高产品客户黏性。这也是目前我国垂直跨境电商企业能够保持进销差价优势的重要原因。

二、支付端

跨境电商企业由于其重心在于发掘行业内产品与服务价值，因此在支付端往往只采用与第三方合作的模式，而非自建支付体系，如兰亭集势与环球易购等。虽然跨境支付与内贸支付有所不同，但这并不是垂直跨境电商与国内垂直电商的重要差异。

三、物流端

物流是跨境电商与国内电商的重要差异点。考虑到跨境物流这一棘手问题，目前，如图 9-8 所示的海外仓已经取代大小包邮，成为解决这一问题的有效措施。

图 9-8　海外仓

目前，兰亭集势等大型垂直跨境电商企业纷纷开展海外仓的建设，通过提前备货、批量运输可以有效地降低物流环节的成本。同时考虑到跨境垂直电商企业产品多集中于某一领域，管理成本更低，因此未来海外仓有望成为垂直跨境电商的外贸标配。

四、关税与商检

关税与商检是垂直跨境电商企业面对的一大问题。目前，我国海关通关商检政策允许试点城市对跨境零售电商使用行邮清关规则，从制度上维持跨境电商渠道与一般进口渠道间价差，因此跨境电商产品价格仍具备竞争优势。同时随着未来政策的进一步完善，跨境电商企业报关程序将进一步简化，在提高通关效率的同时也有助于降低企业交易费用。

五、我国跨境电商企业发展的背景

1. 跨境电商行业迅速发展，为电商企业提供了政策红利

我国跨境电商行业的迅速发展，促进电商企业的快速发展。跨境电商作为一种新的贸

易形式，其在税收、通关、支付、结算等多个环节均与传统贸易有较大的不同。没有政府政策的支持，跨境电商作为新的贸易形式很难发展。目前随着政府政策处于爆发期，跨境电商在通关流程以及税率等方面都会得到更好的规范，跨境电商也能保持稳定与高速的发展。除此之外，跨境第三方支付手段的完善、海外仓的扩建等，都成为推动跨境电商发展的重要支柱。

2. 综合型电商企业抢占市场份额，垂直跨境电商成为未来方向

随着跨境电商行业的不断发展，其竞争格局也产生着深刻的变化。阿里巴巴、京东、亚马逊等电商巨头纷纷进入跨境电商领域，迅速垄断了跨境进出口电商的大部分市场份额。这些巨头以规模经济、平台品牌效应以及更早的切入时间与更充分的国际化进度，使新的综合类跨境电商企业很难在电商巨头的狭缝中生存。在这种情况下，垂直跨境电商就成为更好的选择，既可以避开与电商巨头的竞争，又可以在某一领域深耕，提供差异化产品与服务，逐渐形成行业壁垒，从而为未来的发展与成熟打下基础。

3. 垂直型跨境电商已形成清晰商业模式

虽然在跨境电商行业，垂直跨境电商企业发展较晚，规模也较小，但是经过一定的发展，它们已经形成了清晰的商业模式，为未来后续公司进入以及行业内公司进一步发展提供了良好的指引作用。主要商业模式如下：

(1) 立足于某一行业的垂直跨境电商企业，如兰亭集势。兰亭集势以婚纱服饰为其细分市场，通过自营的进销差价或平台的佣金模式盈利。其优势在于对特定行业有着更深的把握。在跨境电商模式中，垂直电商公司更容易得到消费者青睐。

(2) 立足于某国市场的垂直细分市场的跨境电商企业，如日贸通。该类平台专注于满足某一国家的消费者需求，优势在于不仅可以有效解决语言不通问题，还可以更好地解决其中涉及的知识产权、物流贸易以及质检等问题。

▶▶ 🛒 第三节　跨境电商产品推广

一、跨境电商市场定位概述

市场定位最重要的就是满足需求。但身处国内的中国卖家对海外市场和海外消费者需求的了解却无法和国内相提并论。卖家想要做好定位，就需要去做一些前期的调研，在不断的积累中，培养对买家需求的敏感度。在对国外市场调研阶段，卖家要去关注市场国总体物价水平和销售产品所属行业的价格水平。终端零售价格非常重要，只有了解了终端零售价格才能清楚海外消费者处于怎样的购物环境中，最终才能更好地给产品定价。而地域、文化等因素的差别，一定会使海外消费者的购物喜好与国内消费者存在差异。所以，调研过程中卖家还要了解海外消费者的喜好，根据其喜好和需求进行定位。看看自身产品是否具有独特的产品功能和款式，是否拥有价格优势，是否在质量上拥有绝对的保证，是否是国外消费者了解的品牌。

二、跨境电商品牌定位

卖货却没有定位，没有清晰的产品路线，很容易给人以杂货店的感觉。给跨境电商产品或企业品牌定位是为了在市场上吸引消费者的关注和获得品牌期望认知，从而获得消费选择优势。那么如何做到给品牌正确定位呢？

当要搜索外网时，第一时间想到谷歌；当在国内上网购物时，第一时间想到淘宝；当上网购书时，首先想到当当网(即使它已经不再是一个只卖图书的网站了)；而当想要购买品质比较有保证的商品时，又可能会选择京东，因为京东对企业商家的把控比较强。所以品牌不是企业简单制定的服务口号或标语，而是消费者的认知。

品牌就是消费者对产品/企业的感性和理性认知。品牌定位要知行一致，要言行一致。再小的企业也应有自己的品牌。因此，一个跨境电商企业如何快速打造自主的品牌，品牌定位是很重要的，而品牌五要素(品牌名称、品牌标识、品牌信条、品牌受众和品牌故事)都是为其服务的。品牌定位是消费者对产品/企业的感性和理性的认知，改变消费者的认知是很难的。比如，淘宝现在是C2C第一大网购平台，若说要做一个比淘宝还要大的C2C，消费者是不会信的，这个定位几乎不会成功。

三、跨境电商市场分析

目前，跨境电商领域呈现出一种"强者通吃"的迹象，而后进者则围绕着自身主业，在跨境电商的产业链上分一杯羹。具体来说，在跨境电商交易方面，目前阿里巴巴一家独大。无论是出口的B2B，还是进口的速卖通，阿里巴巴都占有压倒性的市场份额。而在物流配送方面，中国邮政(见图9-9)则凭借其特殊的资源禀赋在市场上占据主导地位。其他电商企业如敦煌网、兰亭集势和递四方等，在某些细分市场也拥有一定的市场地位，但目前体量都与阿里巴巴不在一个量级上。

图9-9　中国邮政

物流方面，申通、顺丰、中远、东航物流等都纷纷围绕自身业务优势做了一些"转运"环节的布局，但业务结构和市场覆盖范围都与中国邮政不可同日而语。而近日阿里巴巴与中国邮政达成战略合作，给市场带来更多想象的空间。短期内两者在跨境电商领域的优势地位不会被撼动，但未来格局如何，现在很难断言，因为一旦有新的商业模式出现，原有的格局可能瞬间被打破。

四、搜索引擎营销

互联网时代，人们习惯通过搜索引擎获取所需信息。搜索引擎是国内外网民最常用的网络工具之一。强大的网民基础使搜索引擎成为电商企业开展网络营销的重要途径。对于跨境电商从业者来说，如何通过搜索引擎让潜在客户关注自己的产品或网站，是一个非常值得关心的问题。搜索引擎营销 (SEM) 是指通过控制网站搜索结果的展现，来满足特定搜索者的信息检索需求，并以此实现营销目标。在出口跨境电商领域，企业主要投放的搜索引擎有 Google，但它并不是每个国家的主流搜索引擎。在俄罗斯，Yandex 是网民首选的搜索引擎，该公司市场份额在俄罗斯占 50% 左右；在韩国，Naver 是网民主要使用的搜索引擎，其市场占有率高达 70%；在捷克，Seznam 约占捷克 60% 以上的市场份额。在进口跨境电商领域，企业主要投放中国的搜索引擎百度，百度在中国的市场占有率高达 85%。

五、SNS 推广营销

SNS(Social Networking Services) 即社会性网络服务。传统营销是销售导向的，现代营销则倾向于关系导向，强调与消费者的互动。国际知名的 SNS 社交平台有 Facebook、Twitter、Pinterest、Instagram 等。

1. Facebook

Facebook 是全球最大的社交网站，自用户数冲破 10 亿大关之后，每月日常用户数平均达到 10.9 亿，移动用户数也达 9.89 亿。2016 年第二季度财务报告数据显示，Facebook 的广告收入达 62.4 亿美元，净利润突破 20 亿美元。借助 Facebook 开展海外营销受到越来越多跨境电商从业者的关注。

2. Twitter

Twitter 是全球最大的微博网站，拥有超过 5 亿注册用户。虽然用户发布消息不能超过 140 个字符，但却并不妨碍各大企业利用 Twitter 进行产品促销和品牌营销。网站的非注册用户可以阅读公开的推文，但注册用户则可以通过 Twitter 网站、短信或者各种其他应用软件发布消息。跨境电商企业可以利用 Twitter 进行产品推广。

3. Pinterest

Pinterest 是一个基于兴趣爱好的图片分享型社交网站，兼具 SEO 猎奇的属性和 SNS 的交互属性，以瀑布流的方式推送，无须用户翻页。Pinterest 中每张照片 (Pin) 的描述和标题均带有关键字。如同一个图片搜索引擎，用户通过关键字搜索就可以找到需要的图片。2011 年，Pinterest 被评为 "美国最受欢迎的十大社交网络"，并以月增长 45% 的速度赶超 Google+，成为 2011 年美国社交网络中的一匹黑马。

六、EDM 推广营销

EDM(E-mail Direct Marketing) 营销指企业在经过用户许可的前提下，通过 EDM 软件向目标客户发送电子邮件，传达企业相关信息、促进产品销售、维系客户关系的一种网络营销形式。由于操作简单、成本低廉、针对性强、精准度高，电子邮件成为跨境电商卖家与国外买家进行交流的重要渠道。在营销的不同阶段，电子邮件可以完成不同的营销功能。在营销初期，企业可以利用电子邮件进行信息宣传；在客户对企业产生印象后，可以利用电子邮件发布具有针对性的广告信息；当顾客完成购买行为后，企业可以借助电子邮件与顾客保持联系，处理客户反馈意见等。

七、QQ营销

随着电子商务的迅猛发展，很多公司都需要进行线上营销推广。在线上的各种营销推广工具中，QQ也是推广手段之一。QQ是腾讯公司开发的一款基于Internet的即时通信软件，它不仅仅是我国目前使用最广泛的聊天即时通信软件之一，而且还是企业网络营销推广的一个非常好的平台。

八、微信营销

自从上线以来，微信公众平台可以说经历了最初的蓝海到红海，再到现在的血海的过程。用户从最初的不了解和好奇，开始对微信公众号产生好感，此时公众号一片蓝海；因为微信公众号申请门槛低，且自由度高，慢慢地大量用户从关注微信公众号，变成自己申请微信公众号，自己运营微信公众号，由此微信公众号逐渐变成了红海；也正是因为微信公众号申请门槛较低，对发布的内容要求也较低，公众号开始泛滥，其内容良莠不齐。同时大量微信公众号尝试开展各种各样的商业交易，这使得微信公众号逐渐变成了一片血海。与很多电商模式和平台一样，微信公众号疯狂之后紧跟着就是反思和回归。当用户逐渐对很多公众号简单的噱头、低质量甚至是复制的文章、直白的商业广告感到厌烦时，运营者也发现利用公众号盈利并不那么乐观，大家开始冷静地对待公众号了，公众号也开始变得规范起来。微信公众号从此进入了一个稳定发展的时期，微信公众号的运营也逐步回归内容运营、产品运营和活动运营等。

据统计，微信的大部分用户年龄为20～45岁，年龄跨度较大，但其中在校大学生、青年、中年人士居多，恰好这个年龄范围的用户也是跨境商品的主要消费对象。因此，针对这些用户群特点，平台以趣味性、实用性的产品推广活动和文章为由头，通过趣味性的产品试用活动让消费者对产品感兴趣，通过实用性的科普文章让消费者更加了解产品，更加认可产品与平台。如图9-10所示为微信界面。

图9-10　微信界面

近几年来，以亚马逊为代表的跨境进口电商在我国悄然兴起，掀起了跨境电商的浪潮。在政府的大力支持和推动下，国内天猫、京东、苏宁、唯品会、聚美优品、洋码头等电商平台跨境业务迅猛发展。目前跨境电商进口市场已经相对成熟且竞争激烈，初创跨境企业平均生命周期较短，可以说面向大众用户的跨境电商进口业务的市场机会越来越小，风险越来越大。基于以上分析，将跨境进口的优质产品对接微信公众平台，充分发挥微信社交优势，开展面向小众群体的跨境进口商品社群营销将是一个有益的营销方式。

 本章回顾

　　本章主要介绍跨境电商的主流运营平台，跨境电商平台盈利模式和跨境电商产品推广的常见方法。

思考练习

一、简答题

1. 跨境电商主流运营平台有哪些？
2. 选择一种跨境电商平台的盈利模式具体进行介绍。
3. 跨境电商产品推广的方法中，你觉得哪一种最有效？请说明原因。

二、案例分析

　　小张在跨境电商各平台上运营时尚饰品类产品，报名参加了站内的各种活动，尝试了各种店铺营销工具，但是总觉得这个类目的销售额无法达到预期目标。他该如何拓宽他的营销和推广渠道呢？

　　请结合本章学习的知识展开谈一谈。

参考答案

第十章　网店客户服务与物流管理

学习目标

1. 了解电商客服的定义、分类及其岗位和意义。
2. 理解和掌握售前、售中、售后的工作实操。
3. 掌握网店商品评价管理操作。
4. 掌握物流渠道的设置方法。

思政目标

1. 学习电子商务网店客户服务的流程，培养认真、负责的工作态度。
2. 了解我国电子商务物流管理方面取得的成就，增强民族自信心和自豪感。

知识结构图

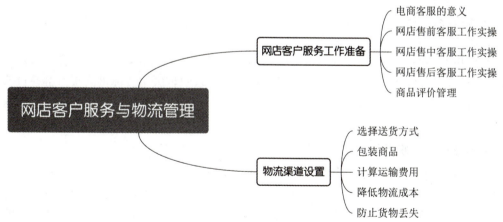

案例导入

客服工作失误导致客户丢失

X 公司新来了一名客服人员 Y，由于 Y 对公司的产品情况不太了解，在处理一次客户电话订货时，把产品型号弄错了。客户收到产品后立即要求公司换货。但碰巧的是，公司库存中当时没有客户所要的产品，结果耽误了客户两天时间。为此，客户满腹怨言，认为X公司的客服连自己的产品是什么、有没有存货都不知道，说明公司管理和服务有问题，并明确表示以后不再与X公司继续合作。

这次的事故不仅使X公司失去了一个大客户，还影响了公司的口碑，损害了公司的形象，给公司带来了很大的现实和潜在损失。

思考题

1. 客户服务的基本要求有哪些？
2. 在本案例中，是什么原因导致客户不满呢？

第一节　网店客户服务工作准备

一、电商客服的意义

客服工作是公司产品销售的延伸服务，是完善产品性能、满足客户第二需求的有效途径，也是提高公司品牌美誉度的重要途径。本节内容详细讲解客服工作的内容及其意义。

1. 电商客服的定义

电子商务客服是承载着客户咨询、客户投诉、订单业务受理（新增、补单、调换货、退货等），通过各种沟通渠道获取客户调查，与客户直接联系的一线业务受理人员。

2. 客服分类

客服按形式可分为在线客服和语音客服两种类别。电商客服主要集中在线上为买家提供咨询服务，部分提供电话咨询服务。

客服按业务职能可分为售前客服、售中客服、售后客服三种类别。售前客服涉及商品的功能介绍、价格介绍、活动内容介绍等咨询服务；售中客服主要提供为买家解答付款流程、跟进订单、发货时效解答等服务；售后客服提供退换货处理、纠纷处理、物流问题等服务。

3. 客服的岗位职责

解决客人的疑问（关于商品、快递、售后、价格、网站活动、支付方式等），处理交易中的纠纷，售后服务以及订单出现异常或者无货等情况时与客户进行沟通协调。了解客户的实际需求：哪些是明示需求，哪些是暗示需求；了解客户是否满意；了解客户的期望值（我们的服务是否超过客户的期望？）；跟进回访，服务升级（如何提升个性服务，下一步的服务可做哪些改进？）

4. 客服的意义

1) 提高店铺的销售业绩

京东电商客服在京东网店里起着至关重要的作用，优秀的京东电商客服会娴熟运用话术，引导顾客购买产品。在顾客犹豫时给予顾客较中肯的建议，全心全意为顾客服务，有效提高店铺的转化率。

2) 提高客户回购率

当买家在客服的良好服务下，完成了一次良好的交易后，买家不仅了解了卖家的服务态度，也对卖家的商品、物流等有了切身的体会。当买家需要再次购买同样商品的时候，就会倾向于选择自己所熟悉和了解的卖家，从而提高了客户回购率。

3) 提升店铺形象

顾客网购时真正面对的只有客服和产品，产品的详情页可以为企业打造品牌的第一印象，而客服才是真正决定顾客是否购买的关键。优秀的京东电商客服会抓住合适的机会拉近自己与顾客的距离，并且提升店铺在顾客眼中的整体形象。

4) 提供更好的用户体验

电商客服有个很重要的角色，就是可以成为用户在网上购物过程中的保险丝。用户线上购物出现疑惑和问题的时候，客服的存在给用户更好的整体体验。

5. 客服岗位要求

(1) 打字速度快，反应灵敏，能同时和多人聊天，对客户有耐心。

(2) 总结和编辑客户问答文本，创建使用快捷方式回复。

(3) 了解店铺及店内商品，了解平台活动，知道购物和物流的信息。

二、网店售前客服工作实操

1. 下载客服通信工具

京东买家是通过线上对话与客服人员进行沟通的，因此，首先店铺需要下载客服通信工具与买家沟通。京东的客服通信工具有咚咚商家版和京麦工作台两种。

(1) 咚咚商家版。这是一款专门用于京东客服的软件，支持一键通话、短信直达的功能，支持高效客服管理，客服组长管理子账号和客服考核数据一目了然，安装插件可以实现订单打印等功能。

(2) 京麦工作台。京麦工作台是一款集店铺运营工具、经营咨询工具、店铺运营数据、京东咚咚商家版等功能的一站式服务平台。它是店家管理后台的工具，同时也是客服与客户沟通的工具。京麦工作台整合了咚咚商家版的通信功能，可以实现与客户沟通的所有功能，是综合性的工作平台。

这两款软件都可以实现商家与客户的沟通功能，作为客服工作的工具。但是整合了咚咚商家版的京麦工作台功能更加丰富，方便店铺的管理，需要兼顾店铺管理和客服的工作人员使用京麦工作台更为合适。为了方便和同事对接，建议统一使用京麦工作台。

2. 账号管理与权限设置

在京东的后台和京麦工作台中有很多的权限，需要给每个客服开通一个客服子账号，并且开通消息提醒、订单管理、售后服务、在线客服等权限。

3. 设置自动回复

在买家点击联系客服时，可以提前设置自动回复信息，使客服人员在接待多个客户的时候，可以及时响应新的客户信息，提升客户的满意度；并且可以实现客服接待的标准化，提升客户体验，提高客服接待的成交率。

4. 设置快捷回复语

总结客户比较关注的问题、商品的规格参数信息、店铺信息等，编辑成快捷回复语，顾客咨询到相关问题时，可以一键回复，极大地提高工作效率。

5. 设置智能机器人

商家可以设置智能机器人来回答顾客提问，这样节省人力成本。可以开通京东小智机器人，目前是免费的。开通方式为：京麦工作台—更多插件—搜索找到京东小智，或者咚咚商家版—应用—京东小智，如图 10-1 所示。

图 10-1　京东智能客服

6. 客服须知

1) 客服接待注意事项

客服人员在接待客户时，要注意以下事项：

(1) 在接待客户时，要保持积极热情的态度，为客户提供优质的咨询体验。

(2) 对待客户要热情尊重，切忌冷淡、争吵、答非所问等。

(3) 不可替客户做决定，要引导客户做出决定。

(4) 如果无法满足客户的要求，拒绝客户时要说抱歉的话。

(5) 用负责任的语气方式说话。

(6) 多使用赞美、感谢的词汇。

(7) 不要用命令、反问的语句，少用否定的语句。

2) 客服接待职业要求

客服接待人员的职业要求如下：

(1) 具备客服的专业知识和基本素质。熟悉商品属性信息，合理引导客户做出客观决定；从客户的角度思考，提升客户的咨询体验；要客观地介绍商品的属性特点，切忌夸大商品效果，过分强调商品的好坏。

(2) 客服的话术要求。话语要符合京东商家客服话术规范；售前沟通要快速、热情、礼貌、尊重；不要刻意讲述商品的价格，多强调服务和商品的性能；多与客户沟通商品本身的价值和带给客户的好处；根据客户的购买目的和需要，推荐对应的商品。

(3) 响应时间。在开始接待客户之前要设置好自动回复，保证客户的第一次提问可以得到及时快速的回复，对于客户的提问做到及时响应。

(4) 掌握沟通的主动权。在与顾客沟通时，需要遵循"七分问，三分听"的原则，多询问以了解顾客的购买目的，然后引导客户做出购买的决定。

3) 客服接待的禁忌

客服人员接待客户的禁忌如下：

(1) 京东客服不可以使用"淘系"用语，不可在聊天中称顾客为"亲"。

(2) 不可向客户承诺不能达成的服务内容。

(3) 不可以使用不文明语言，不可诽谤、骚扰、谩骂、诋毁客户，以及使用不当的话语引起客户不满或其他侵犯合法权益的行为。

(4) 不可在咚咚上发布第三方的信息，不可引流。

(5) 不得发布非京东开放平台的第三方平台链接、其他信息等。

(6) 原则上禁止将京东用户拉入黑名单，确认为发布广告等京东视为违规信息的除外。

4) 客服违规管理

当因为客服的工作失误出现了一般违规扣分时，可在 7 个工作日内提出申诉。在商家后台的左侧导航的奖惩管理中，点击"违规管理"，查看违约记录，并提出申诉，如图 10-2 所示。

图 10-2　违约管理平台

申诉需要商家按照京东开放平台的要求提供完整、真实、有效的证明材料，包括聊天记录、截图、链接、照片、录音、快递单据等，以及事情的处理说明，由京东平台判定是否违规。申诉成功则撤销处罚，申诉失败则处罚生效，且不可再次申诉。

三、网店售中客服工作实操

1. 未支付订单处理

对于已下单但是没有支付的客户订单，需要及时地联系客户进行催付。京东后台对于未支付订单的保留时效是 24 小时，所以要及时快速完成催付工作。如图 10-3 所示为未付款订单页面。

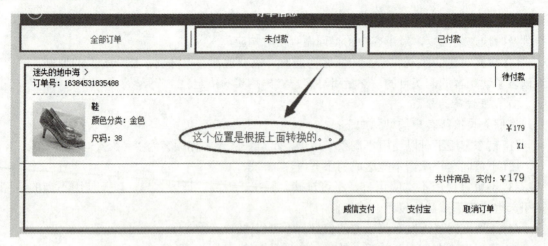

图 10-3　未付款订单页面

在催单时要注意以下几点。

1) 选择订单催付

一是按照客户下单的时间排序，选择时间距离最近的开始催付，时间较长的订单有可能是顾客的购买意愿不够强，选择最近的订单，完成支付的概率会相对较高；二是按照客户订单的金额排序，选择金额较大、未付款订单较多的客户催付，成功后转化的订单也就越多。

2) 选择催付人选

在选择催付人选时，一般优先选择接待客户咨询的客服进行催单，一是和客户有过沟通，客户内心比较接受；二是对客户情况比较了解，避免二次沟通，节省双方时间，增加成交的概率。还有一些是未选择与客服沟通的买家，客服要及时刷新后台，发现有静默下单的客户及时催付。

3) 选择催付时机

客户下单的时间不同，应选择不同的催付时间。客户拍下商品后如果 10 分钟内没有付款，则可以给客户发送咚咚信息，提示客户确认地址和商品信息，暗示下单付款；客户咚咚不在线，可以选择发送短信或者电话联系客户。上午下单的顾客中午催付，下午下单的建议下午发货前催付，傍晚下单的在 20 点之前催付，深夜下单建议在次日 10 点以后催付，尽量避免影响客户的工作生活。另外，不可催付频率太高，不要使用同一种方法催付。

4) 制定催付的话术

提前制定好催付的话术，沟通时话术要贴心、细心、耐心。通过发送赠品、活动信息，告知客户活动时间的方式，提示客户下单支付享优惠，引导客户做决定。

2. 已支付订单处理

1) 核对订单信息

对于已支付的订单，需要核对客户的地址、联系方式、订单备注、是否开具发票等信息，确认无误后开始打印订单信息，发送到仓库处理发货问题。如图 10-4 所示为订单信息。

图 10-4　订单信息

2) 选择快递

确认订单完成后，客服需要根据客户的收货地址、配送时效、商品类型等选择合适的快递物流，并且安排发货。

3) 客户申请取消订单

客户在付款后申请退款，当商家还未发货时，商家退款审核时效为 1 个工作日，1 个工作日内没有完成审核的，系统将自动审核通过，进入退款流程，退款将原路返还至客户的付款账户中。当商家已经发货且还没有收货时申请退款，商家审核退款的时效是 3 个自然日，3 个自然日没有审核的，系统将自动审核通过，进入退款流程。当客户确认收货后申请退款的情况，商家审核退款的时效是 2 个工作日，2 个工作日内没有完成退款审核的，系统将自动审核通过，进入退款流程。如图 10-5 所示为进入退款流程。

图 10-5　进入退款流程

3. 发货时效

1) 关于发货时效问题

(1) 买家下单后，商家需要在 24 小时内将商品订单上传至京东系统，商家点击"出库"。

(2) 商家承诺过发货时效的，商家应在设置的时效内完成商品发货。

(3) 买家下单后，快递公司揽收后 48 小时内可以查询到订单的物流信息。

(4) 由京东开放平台官方发起的促销活动、特定节假日等，发货时效以京东开放平台或公告的发货时间为准。

2) 延迟发货处罚

(1) 商家发货时效需遵守京东平台的发货时效规则。违反规则规定的发货、揽收时效要求的，会被认定为延迟发货。根据《京东开放平台商家积分管理规则》中延迟发货的条款处罚，每单扣除 1 分 (7 日内不超过 25 分)。

(2) 商家超过时效没有点击"出库"的订单，引起消费者投诉的，如没有正当理由，将根据《发货问题纠纷处理判责标准 (商家版)》进行处理。

(3) 对于超时发货的订单，即使没有遭到客户投诉，也会对店铺的综合评分产生影响。因此商家需要注意订单发货时效，尽早地出库发货。

四、网店售后客服工作实操

1. 售后物流问题处理

1) 物流跟踪

商品揽件发货后，商家要及时跟踪商品的物流信息，了解商品的运输状态，帮助客户查询最新的物流信息，安抚客户耐心，从而避免产生退货和拒收订单的情况。

2) 与快递公司的纠纷处理

(1) 快递公司遗失商品：联系快递公司发件站点进行赔偿；提供发货面单照片、交易记录截图，安抚客户并重新发货。

(2) 快递运输途中破损：联系快递公司发件站点进行赔偿；提供发货面单照片和交易记录截图。

(3) 缺货、少货问题：首先确认出现问题的原因，查看发货揽件时的重量信息，如果是快递公司的问题，由快递公司进行赔付；如果是商家的原因，由商家负责给客户补发商品；如果是客户原因，则和客户协商解决。

3) 快递运输延误问题

(1) 催促快递公司，尽快解决配送问题。

(2) 联系快递公司发件站点做问题件处理，催促解决配送。

(3) 打快递公司总部的投诉电话。

4) 虚假签收问题

(1) 联系快递配送站点，落实商品签收信息，提供签收单据，检查签收人是否为本人或者客户所在小区门卫，确认是否为快递人员虚假签收。

(2) 找到商品后，联系客户再次配送。

2. 发票及赠品纠纷处理

1) 发票问题处理原则

买家在京东平台购买商品后，有权要求商家提供发票。商家应当按照客户的购物实际金额和客户提供的信息开具发票。

(1) 如果客户要求商家提供发票，而因为商家的原因没有提供发票的，在客户反馈的30日之内补开发票；仍无法开具的，客户有权申请退货退款，运费部分由商家承担。

(2) 如果客户申请补开发票的，商家应在24小时内回复开票邮寄的时间；客户有异议的，商家应在客户要求开发票的10日之内为客户开具发票并寄出，邮寄费用由商家承担。

(3) 如果遇到发票使用完毕无法开具发票的情况，商家应及时和客户协商后期开具时间。

(4) 当开具了发票的商品申请退货退款的，客户需要将发票一同退回。如若发票丢失或未退回的，商家有权要求客户承担相应的发票税款金额。

2) 赠品问题处理原则

(1) 在商家的描述页中标注出赠送赠品或者在沟通过程中双方确认有赠品的，商家应按标注的或沟通的结果寄出赠品。当商品无问题，赠品出现质量问题时，商家有权只受理赠品问题。

(2) 当买家申请退货退款时，应当确认赠品完好并一同退回；因消费者原因导致赠品无法退回的，商家不得以此为由拒绝客户退款，可以扣除赠品相应的价款。

3. 售后退换货处理

1) 自主售后处理

客户提出退换货要求时，客服可以指导客户在个人中心进行退换货操作。商家需要在售后订单处理中心进行退换货处理流程。自主售后处理如图10-6所示。

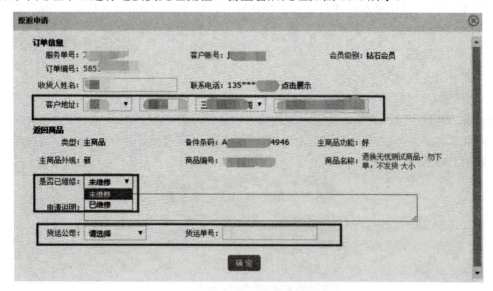

图10-6 自主售后处理

2) 审核时效

(1) 客户申请退换货或维修后，商家应在48小时内做出审核结果；客户申请7天无理由退货的，应在24小时内完成审核。

(2) 审核的结果有：不退货补发新品、审核通过、审核不通过和用户放弃。

3) 处理时效

商家应在收到退货商品的48小时内明确地给出售后处理意见，协助客户完成退货、换货流程。

4) 退换货地址管理

商家需及时维护、修改退换货地址，确保地址准确性，避免收不到退货；商家没有准时处理的退换货订单，系统将默认审核通过，并将商家最后维护的退货地址发送给客户。

5) 售后满意度

客户收货后可以在订单中评价商品，其中有售后满意度的评价，客户的满意度评价会影响到店铺的综合评分。月度满意度需要大于等于 80%(满意度 = (非常满意 + 满意) / 参与满意度评价的总数 × 100%)；如未达到该标准，商家会受到"售后违规"的惩罚。

6) 售后问题处理原则

(1) 客户发起商品退货后，商家没有收到退货的情况，客户需提供退货的快递发货单、签收底单等证据证明；若客户提供了证明，商家需联系承运人处理；若客户表示商家的退货地址是错误的，京东有权根据商家系统填写的退货地址进行核实，并进行判定。

(2) 买家退换货未填写发货信息的，且在商家审核后 15 天内没有收到退货，服务单将自动关闭。

(3) 若商家对退回的商品有异议拒绝签收商品的，商家需提供相关证明文件证明商品退回时的状态。

(4) 商品在退货过程中被损坏、商品在退回客户时客户无理由拒签的情况，该订单按完成处理。

(5) 客户提出退货要求后并且上传了快递单号，10 天内商家如未确认收货或者收货后未处理的，系统默认为商家同意先退款给客户，则扣除商家相应的货款。

4. 纠纷单处理

1) 及时回复纠纷单

纠纷单的处理时效是 36 小时内，在这一段时间内必须和客户达成一致，找到合适的解决方案，并且完结纠纷单。如果未能达成一致，则京东客服介入，进入双方举证的仲裁阶段。京东客服人员根据举证资料直接作出裁决结果，若有异议可在 7 个工作日内提起申诉。如图 10-7 所示为处理交易纠纷。

图 10-7　处理交易纠纷

2) 待回复纠纷单

商家需及时回复的纠纷单，商家要在 36 小时内明确回复相关意见。如图 10-8 所示为商家答复纠纷单。

3) 待举证纠纷单

当纠纷单发起未及时处理而超时或未与客户达成一致时，京东将介入纠纷单进行仲裁，处理时效为 1 个工作日。在这 1 个工作日内，商家与客户需提交各自的举证资料，交由京东仲裁人员审核。

4) 待执行纠纷单

京东客服已经判责商家执行的纠纷单，如果商家未能在 1 个工作日内主动执行并且回馈执行说明，则将由京东根据判责结果进行处理。

5) 即将超时纠纷单

提示商家有需要及时处理的纠纷单，如若不及时处理造成超时，京东客服介入进入仲裁阶段。

五、商品评价管理

1. 商品评价的重要性

(1) 商品评价会展现在商品的描述页中，为后面的买家提供一个重要参考。评价的内容对商品的转化有着很重要的影响。

(2) 客户对商家的服务评分会对商品的质量分和店铺评分产生重大影响。

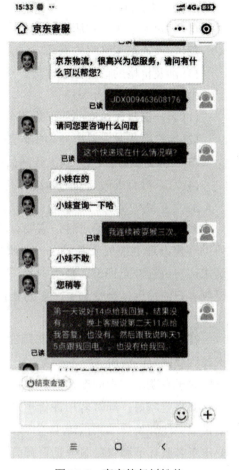

图 10-8　商家答复纠纷单

(3) 商品的好评率是限制参加京东官方活动的硬性指标。限制评分低于 **90%** 的商品不能参加京东的很多官方活动。

2. 商品评价的时效性

买家可在订单完成的 90 日内对商品进行评价，180 内可对商品进行追加评价。

3. 客户评价的内容

1) 文字评价

文字评价是买家对商品的品质、使用感受等编辑文字描述的方式。

2) 晒图评价

晒图评价是客户收到商品后，通过拍摄图片展示商品的特性的描述方式。

3) 服务评价

服务评价是通过商品符合度、配送包装、店家服务态度、物流发货速度、配送员服务五个方面，来对这一单商品的购物体验做出的总评价。

4.评价维护与管理

1) 评价展现规则

(1) 涉及非京东内部店铺的信息会被屏蔽。

(2) 涉及非京东咚咚的联系方式会被屏蔽。

(3) 涉及价格的信息会被屏蔽。

2) 评价内容及积分扣除

(1) 客户退货后该商品的评价积分将被京东扣除。

(2) 客户换货时，若更换为相同的商品，则所获得的评价积分没有影响。

(3) 如果通过不正当方式提升商品销量，京东将删除该商品及虚假交易产生的店铺评分。

(4) 京东对有虚假交易的店铺或商品会进行搜索降权处理。

3) 中差评处理

商品出现中差评信息时，需要有专门的人员与客户联系，协助客户解决问题；必要时协助客户办理退换货或者赠送一些赠品，来解决客户不满意的问题。得到客户的谅解后，请求客户进行补充评价，减少中差评对商品的影响。切忌电话骚扰、强迫客户追评，否则受到客户的投诉，会受到更严重的处罚。

4) 回复客户评价

在京东商家后台页面中，左侧的导航找到"商品管理→商品评价管理"，通过搜索筛选找到要回复的评价。

对于有购买需求的新客户，客户评价是衡量商品品质的重要依据，评价比较高的商品转化率也就越好；同时客户评价也是商品质量得分和参加官方活动的重要参照因素，所以要重点关注评价；如果出现中差评，务必要设专人处理，及时跟进，直到问题解决。商家要审查客服环节和售后服务是否有需要改进的地方，以避免中差评的发生。

第二节　物流渠道设置

一、选择送货方式

网店经营作为一种新型的商务模式，代表着商务发展的新方向，网上交易发送的货物需要通过物流来完成，所以一定要选择合适的送货方式。

1.普通包裹

普通包裹一般在配送体积较大的商品时采用。在网店的发展初期，配送的商品种类和数量较小时比较适用。普通包裹的特点是花费时间较长，但是费用较低。

2.快递包裹

快递包裹与普通包裹类似，但是寄送时间加快很多，缺点是成本较高。国内主流快递公司有顺丰、京东、三通一达(申通、圆通、中通、韵达)，邮政 EMS。

二、包装商品

1. 包装的概念

我国国家标准 GB/T 4122.1—1996 中对包装的定义是："为在流通过程中保护产品、方便贮运、促进销售，按一定技术方法而采用的容器、材料及辅助物等的总体名称。也指为了达到上述目的而采用容器、材料和辅助物的过程中施加一定技术方法等的操作活动。"其他国家或组织对包装的含义有不同的表述和理解，但基本意思是一致的，都以包装功能和作用为其核心内容。一般有两重含义：一是关于盛装商品的容器、材料及辅助物品，即包装物。二是关于实施盛装和封缄、包扎等的技术活动。

包装是物流系统中的一个子系统，它是生产过程的终点，也是物流过程的起点。同时也是保证物流顺利进行的重要条件。合适的包装能够保护商品实体，便于物资的集中、分割及重新组合，以适应多种装运条件及分货要求。包装材料的选用及包装技术的正确运用是包装合理化的基本条件。

2. 包装的功能

包装作为产品的一个重要组成部分，在产品运输、销售与使用中具有重要的功能，具体可归纳为以下三种。

(1) 保护功能是包装最基本的功能。包装不仅要保护商品在运输过程中不易产生质量和数量上的损失，同时防止物品在运输、装卸中受到冲击、震动、压缩、摩擦等外力损害；防止物品在运输尤其是在保管过程中发生受潮、发霉、生锈、变质等化学变化；防止有害生物对物品的破坏。例如，包装中的内衬和隔板的设计，就是为了防止在流通过程中一些易受损害的物品受到震荡和挤压。如图 10-9 所示为一些物品的包装。

(a)	(b)	(c)

图 10-9　不同商品的包装

(2) 包装还具有方便功能，科学的包装更利于使用。例如一些食品包装，为了便于开封而添加的锯齿设计。好的包装还要考虑便于人们运输或有效利用空间。例如商品包装可以合理排列，方便拆分、组装等。

(3) 包装具有提高商品整体形象的功能。包装可以提高商品的整体形象，直接刺激消费者的购买欲望，使其产生购买行为；同时还起到宣传的效应，从而促进销售。

要注意的是，商品在运输途中难免会磕磕碰碰，质量差的包装容易破裂而导致商品损坏。所以，一定要注意包装质量。

三、计算运输费用

物流运费的计算涉及多种因素，如货物重量、体积、距离、服务等级等。物流运费的主要计算方式一般有以下几种：

(1) 按重量计费：根据货物的实际重量计算运费，适用于较轻的小件货物。

(2) 按体积计费：根据货物的体积计算运费，适用于轻泡货、大型家电等体积较大但不太重的货物。

(3) 按件数计费：根据货物的件数计算运费，适用于贵重物品、易碎物品等需要单独寄件的货物。

(4) 按距离计费：根据货物运输的距离计算运费，适用于长途运输，例如货车运输、航空运输等。

四、降低物流成本

1. 和快递员议价

快递公司属于商业公司，追求的是利润。快递公司的快递员收取包裹都有提成，因此可以直接和快递员议价。卖家在和快递员合作时要热情相待，把快递员当成朋友或者客户，友好商谈，可能会获得一个比较优惠的快递价格。尤其是对每月销量大的卖家而言，跟快递员砍价非常有必要，这样每月能省下一笔钱。

2. 成为签约客户

如果卖家的发货量比较大且比较稳定，那么在挑选快递公司的时候，可以选择性地与几家快递公司签约，进行长期合作，实现双方互惠互利。

3. 使用推荐物流

现在，很多快递公司都和淘宝平台建立了合作关系，在线下单会有一定的优惠。以淘宝网为例，目前与淘宝合作的快递公司有 E 邮宝、EMS、圆通快递、中通快递、宅急送以及韵达快递等。使用淘宝推荐物流，具有以下几方面的优势。

(1) 价格更优惠。提供各物流公司的价格比对，同时享受低价策略。

(2) 多方位服务渠道。各个物流公司都有旺旺在线客服和论坛答疑，方便卖家咨询。

(3) 物流状态一目了然。买卖双方可随时查看商品的物流情况。

(4) 批量发货，预约上门。可预约物流上门收件时间，并且支持批量发货。

(5) 优越的赔付条件。享受自己联系物流时无法享受到的各类保赔付条件。

4. 大件物品使用快运和铁路托运

不易碎的大件物品使用快运物流公司和铁路托运最为便宜，效率也不低。有的快运公司送货上门，有的需要买家自己取货，卖家发货前应向买家交代清楚，以免引起交易纠纷。铁路托运一般由卖家到火车站发货，到货后买家去火车站取货。

5. 选择优良的快递公司

快递作为经营网店的重要组成部分，大部分卖家都对其又爱又恨。爱是因为方便，不用亲自送货，而且遍布全国大部分地区都能够派送得到。恨是因为无奈，一旦出了问题，将会大大影响自己跟买家之间的交易，甚至会造成买家不满意而把怨恨发泄在自己身上，成为自己得到中差评的祸根。那么怎样选择快递公司呢？

(1) 尽量使用通过总公司开设分公司方式拓展网络的快递公司。这种公司管理方式比较规范，不易出现分公司做出有损总公司形象和信誉的行为。这类快递公司的代表主要是顺丰等。

(2) 尽量选择业内口碑较好的快递公司。可以通过各种渠道了解各快递公司的口碑如何。群众的眼睛是雪亮的，口碑好的公司必然服务更优。

(3) 尽量使用网点比较多的快递公司。在淘宝网做生意，买家遍布五湖四海。如果卖家选择的快递公司网点不够多，很多偏一点的地方都送不了或要转到 EMS 或其他快递公司的话，那就可能会造成价格偏贵、送件延误和丢失货物等问题的出现。

(4) 尽量使用快递单上条形码的印刷质量比较好的快递公司。如果条形码的印刷质量不好或印刷条形码的公司不专业的话，可能会出现以下问题。

① 条形码难以扫描。这个问题会降低物流效率。

② 错码。错码扫描出来的数字和印刷出来的数字不符合，有可能会造成这一单的货物因为对不上号而滞流、丢失。

③ 重码。有两套单甚至几套单的条形码是同一个号码，这样极有可能会造成货物发错地方或者丢失。

(5) 尽量选择赔偿金额或倍数高且保价率低的快递公司。货物快递有的时候可能涉及赔偿的问题。尽管这个问题不是经常发生，但一旦出现货物丢失的话，那卖家就会损失利润甚至成本。所以，要谨慎选择快递公司，尽量选择赔偿金额倍数高且保价率低的快递公司。

五、防止货物丢失

卖家与买家在物流方面有时也会发生纠纷。如何处理物流方面的纠纷呢？要想彻底防止货物丢失几乎是不可能的，只能从各个细节入手，将货物丢失发生的几率降到最低。

1. 选择正规快递公司

卖家在选择快递公司的时候，一定要选择正规、网点遍布全国的大快递公司。这样的公司快件收发量比较大，收发比较及时，快件不容易丢失；而且管理正规的公司，每个部门分工有序，不会出现因为管理混乱而造成包裹丢失。

2. 选择包裹单上条码清晰的快递公司

包裹单上的条码就是电脑识别的包裹编号，只有编号清晰，包裹才不容易被弄丢。有些快递公司使用的包裹单的条码印制很不清楚，很容易被电脑读错数据，从而造成快件错寄或者丢失。

3. 包裹上面的邮寄地址一定要写清楚

有的卖家很潇洒，总喜欢使用连笔字书写邮寄地址，这样容易造成投递员的误读而送错地址，从而丢失货物。

4. 贵重物品要进行保价邮寄

有的卖家认为，将贵重物品交给快递公司就可以高枕无忧了。其实不然，没有人能保证快递公司就一定不会丢失货物。因此在邮寄贵重物品时，一定要进行保价，还要选择那些信誉好、丢失商品后赔付容易的公司。

5. 包装要结实

有些卖家在邮寄商品时，为了降低成本或者图省事，包装打得非常不结实，轻轻一碰就开，甚至商品有可能从包装里边轻易掉出来。这样也容易造成货物丢失。

6. 提前提醒买家

寄出包裹之后，卖家要及时提醒买家在签收的时候小心验货，如果出现商品被偷梁换柱或者被损坏的现象，签收人要及时向总公司进行投诉，并拒绝签收，同时与卖家取得联系。

 本章回顾

本章主要介绍网店客户服务工作中的电商客服的重要性，网店售前客服工作实操，网店售中客服工作实操，网店售后客服工作实操及网店商品评价管理操作，物流渠道设置中的选择送货方式，包装商品，计算运输费用，降低物流成本，防止货物丢失的措施等内容。

 思考练习

简答题

1. 电商客服的重要性是什么？
2. 售后问题处理原则是什么？
3. 客服接待的禁忌是什么？
4. 客服接待注意事项有哪些？
5. 怎样选择快递公司？
6. 防止货物丢失的措施有哪些？
7. 如何降低物流成本？

参考答案

第十一章　网店运营数据分析

学习目标

1. 了解店铺数据分析的含义。
2. 理解店铺数据分析的具体内容。
3. 掌握店铺数据分析的方法。

思政目标

1. 科学地分析数据，提升店铺的整体运营水平，培养学生的钻研精神。
2. 培养学生精益求精、精细化的工匠精神，提升专业素养。

知识结构图

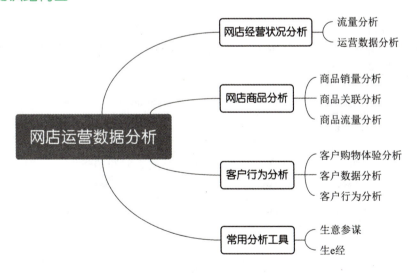

案例导入

　　我毕业后从事的第一份职业是网店运营，负责的是一个小 C 店。我卖的是南孚牌 7 号电池，有一万四千多家在卖，我该怎么做？我只能按照流程完成主图、详情、标题的制作，然后开始做基础销量和评价，上直通车测试款。

接下来我开始深入研究产品，找出我产品的优势和特色。我把这些特色列出来，然后我到搜索下拉框、生意参谋中去寻找相关词，看看哪些词有搜索量，而且市场竞争度较低，同时和我的产品有紧密关系。最终我找到了三个词，这三个词是我产品的一个特点之一，而且搜索这三个词的是有明确特色的精准人群。于是我开始将这几个词加入我的商品标题中，然后无论是主图还是详情页都突出这个特点。效果在第二天就显现出来了，仅仅通过换关键词，我的产品在该关键词搜索页中就脱颖而出。

随着购买人群的增多，我的主关键词权重就能够得到提升，等销量积累到一定程度，我就有了和更大卖家竞争的资本了。通过一系列的数据分析，并做相应的策略后，店铺焕发了生机。

思考题

1. 店铺为什么要做数据分析？
2. 你知道店铺进行数据分析的具体内容吗？

▶▶🛒 第一节　网店经营状况分析

网店经营状况分析是指对网店的各项数据，如流量、交易、会员、营销等进行收集、处理、分析和解读，从而评估网店的运营效果和问题所在，为网店的优化决策提供依据和方向。

一、流量分析

网店流量分析是指对网店的访问量、访客数、访客来源、跳出率、停留时间等数据进行收集、处理、分析和解读，如图 11-1 所示，从而评估网店的吸引力和受欢迎程度，为网店的优化决策提供依据。

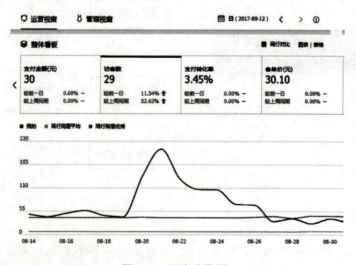

图 11-1　网店流量图

网店流量分析的步骤一般包括以下几个方面。

1. 网店流量来源分析

网店流量来源分析是指分析网店的流量是来自哪些渠道，如自然搜索、直接点击、直通车、淘宝客等，以及各渠道的占比和贡献度，反映网店的推广效果和用户偏好。如图 11-2 所示的网店流量来源图，可以看出店铺主要流量来源于购物车。

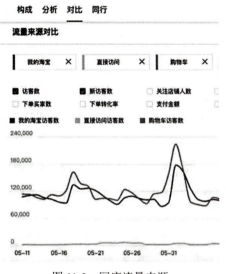

图 11-2　网店流量来源

2. 网店流量趋势分析

分析网店的流量在不同时间维度 (如日、周、月、年) 的变化趋势，以及与同行业或同类别网店的对比情况，可以了解网店的发展速度和市场地位。如图 11-3 所示，是一家网店三个月的流量图，从曲线上可以很清楚地知道每天的流量是上涨、下降还是保持稳定。

图 11-3　网店流量时间趋势

3.网店流量质量分析

分析网店的流量中有多少是有效流量，即真正对该网店感兴趣并有可能产生消费行为的用户，以及有效流量的转化率和价值。网店流量质量反映网店的用户体验和满意度。

4.网店流量价值分析

分析网店的流量对网店的销售额、利润、客户数等经营指标的影响，以及不同渠道流量的成本收益比。网店流量价值反映网店的盈利能力和投资回报。

5.网店流量优化建议

根据上述分析结果，提出针对网店存在的问题和不足的优化建议和改进措施，如调整推广渠道、优化页面设计、增加用户互动等。

二、运营数据分析

运营数据分析是指通过收集、处理、分析和展现与运营相关的数据，从中发现问题、提出建议、指导决策和优化运营效果的过程。

1.运营数据分析的目标

运营数据分析的目标是通过收集、整理和分析相关数据，以揭示运营活动的关键指标和趋势，为业务决策提供有价值的见解和支持。

(1) 发现问题。通过历史数据分析，发现店铺运营中的问题及其原因，为未来店铺的优化提供数据支持。

(2) 预测未来。通过历史数据分析，找到数据中的某种趋势或者共性，从而更好地指导未来的运营行为。

(3) 分析现状。通过短期的数据分析，如日报、周报、月报等数据分析，及时了解当前的运营情况以及变化情况。

2.运营数据分析的步骤

网店运营数据分析的步骤如图 11-4 所示。

明确目标 > 收集数据 > 处理数据 > 分析数据 > 展现数据 > 撰写报告

图 11-4   运营数据分析步骤

(1) 明确运营数据分析的目标和思路。根据运营的目标和问题，确定要分析的数据范围、维度、指标和方法，以及要得出的结论和建议。

(2) 收集数据。根据分析需求，从各种渠道和平台获取所需的数据，如后台系统、第三方工具、市场调研等。

(3) 处理数据。对收集到的数据进行清洗、转换、提取和计算，形成适合分析的数据样本，排除无效或错误的数据。

(4) 分析数据。运用适当的数据分析方法和工具，对处理过的数据进行分析，提取有价值的信息，形成有效结论。常用的数据分析方法有描述性分析、趋势分析、相关性分析、因果性分析、聚类分析和分类分析等。

(5) 展现数据。对数据进行可视化的展现，尽可能地多用图表、趋势图、饼图等形式进行说明和解释，能够直观地传达出数据分析的结果和观点。常用的数据展现工具有 Excel、PowerPoint、Tableau 等。

(6) 撰写报告。根据数据分析的结果，撰写清晰、完整、有逻辑的报告，阐述分析过程、结论和建议，并提出解决问题或优化运营的方案，供决策者参考。

▶▶▶🛒 第二节　网店商品分析

网店商品分析是指通过搜集、处理、分析和呈现网店商品相关的数据，从中发现商品的优势、劣势、机会和威胁，为网店运营和优化提供数据支持和决策依据的过程。如图 11-5 所示为网店商品分析图。

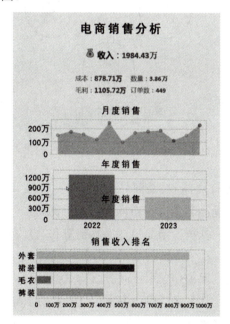

图 11-5　网店商品分析

一、商品销量分析

商品销量分析是一种常见的运营数据分析方法，旨在了解商品的销售情况、趋势和影响因素。

1. 分析目的

分析网店的商品销量，找出销量高低的原因，提出改进措施和建议，提高网店的销售业绩和竞争力。

2. 分析方法及过程

(1) 数据搜集。从网店后台获取一天、一周或一个月的商品销售数据，包括商品名称、类别、价格、销量、评价等信息。

(2) 数据清洗。对搜集到的数据进行去重、缺失值处理、异常值处理等操作,保证数据的完整性和准确性。

(3) 数据分析。使用 Excel 进行数据分析,计算各类商品的销量占比、销量增长率、销量季节性变化等指标,展示各类商品的销量趋势、销量对比、销量分布等图表。

(4) 数据解读。根据数据分析结果,对各类商品的销量表现进行解读,找出影响销量的因素,如商品价格、品质、口碑、促销活动等,分析各类商品的优势和劣势,提出改进措施和建议。如图 11-6 所示为数据分析过程。

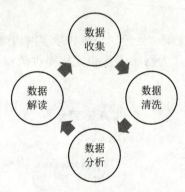

图 11-6　数据分析过程

3. 分析后的建议

1) 对于 A 类商品

网店应继续保持其主打商品 (A 类商品) 的地位,提高其品质和口碑,增加其曝光和推广,利用电商大促活动提高其销量和市场占有率。同时,网店也应该注意在大促活动期间采取一些措施,如降价、打折、赠品等,提高销量和客户黏性,避免销量过于低迷。

2) 对于 B 类商品

网店应该维持其次要商品 (B 类商品) 的地位,优化其标题、详情页、价格和性价比,增加其差异化和竞争力;尤其是要通过电商大促活动提高其销量和市场占有率。

3) 对于 C、D、E、F 类商品

网店应该考虑是否有必要继续经营辅助商品 (C、D、E、F 类商品),因为它们的销量和增长率都较低,可能会占用网店的资源和精力。如果决定继续经营这些商品,网店应该根据各类商品在不同季节的销量表现,制订相应的库存和促销策略,避免库存积压或缺货。同时,网店也应该寻找一些新的或潜在的需求点,创新或改进这些商品的功能或设计,提高它们的吸引力和竞争力。

二、商品关联分析

商品关联分析是一种通过研究用户消费数据,将不同商品之间进行关联,并挖掘二者之间联系的分析方法,也叫作“购物篮分析”。如图 11-7 所示为某网店关联商品展示。

图 11-7　某网店关联商品展示

1. 商品关联分析的作用

(1) 发现用户的购买偏好和潜在需求，提供个性化的推荐和促销。

(2) 优化商品的陈列和组合，提高用户的购买意愿和客单价。

(3) 分析竞争对手的商品销售数据，找出自己的优势和劣势，制订相应的策略。

2. 商品关联分析步骤

商品关联分析通常按照以下步骤进行，如图 11-8 所示。

图 11-8　商品关联分析步骤

(1) 数据搜集。从网店后台获取用户购买订单数据，包括订单编号、购买商品、购买时间等信息。

(2) 数据清洗。对搜集到的数据进行去重、缺失值处理、异常值处理等操作，保证数据的完整性和准确性。

(3) 数据分析。使用关联分析算法对数据进行挖掘，找出所有可能的商品组合，并计算它们的支持度、置信度、提升度等指标。

(4) 数据解读。根据数据分析结果，筛选出满足一定条件的商品组合，并结合业务背景和实际调研判断它们是否有落地价值。

(5) 数据应用。根据数据解读结果，制订相应的营销方案，如货品陈列、组合销售、个性化推荐等，并进行效果评估和总结。

三、商品流量分析

网店商品流量分析是一种通过搜集和分析网店的访问数据，了解用户的来源、行为、偏好和转化情况，从而优化网店的运营和营销的分析方法。如图 11-9 所示为商品流量分析图。

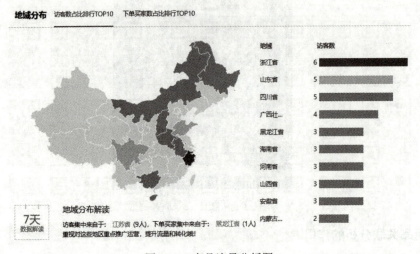

图 11-9　商品流量分析图

1. 商品流量分析的作用

(1) 评估网店的整体表现，如销售额、订单量、客单价、转化率等。

(2) 识别网店的流量来源，如自然搜索、直接访问、付费推广、社交媒体等。

(3) 分析网店的流量结构，如流量占比、流量质量、流量价值等。

(4) 分析网店的用户行为，如访问路径、停留时间、跳出率、复购率等。

(5) 分析网店的商品表现，如浏览量、点击率、收藏率、加购率等。

(6) 分析网店的竞争优势，如关键词排名、爆款商品、用户评价等。

2. 商品流量分析基本步骤

(1) 确定分析目标。明确通过流量分析要达到什么目的，比如提高销量、优化转化率、增加用户黏性等。这样可以帮助卖家选择合适的数据指标和分析方法。

(2) 搜集数据源。从网店后台或第三方工具获取用户访问数据，包括访客数、浏览量、点击量、订单数等信息。可以根据分析目标，搜集其他相关数据，比如用户来源、用户行为、用户偏好等。

(3) 分析数据规律。需要使用数据分析工具 (如 Excel) 或数据分析模型 (如七天螺旋) 对数据进行挖掘，找出数据之间的关系和规律，并计算相关指标 (如支持度、置信度、提升度等)。也可以使用数据可视化工具 (如图表) 或数据报告工具 (如 PPT) 对数据进行展示，使数据更加直观和易懂。

(4) 解读数据意义。根据数据分析结果，总结出网店的优势和劣势，发现问题和机会，并结合业务背景和实际调研来判断它们是否有落地价值。也可以根据数据解读结果，制订相应的改进方案，并进行效果评估和总结。

【案例】

分析淘宝直播数据

(1) 打开一个数据分析的表格，这些表格当中的内容都可以在后台看到，具体如图11-10所示。

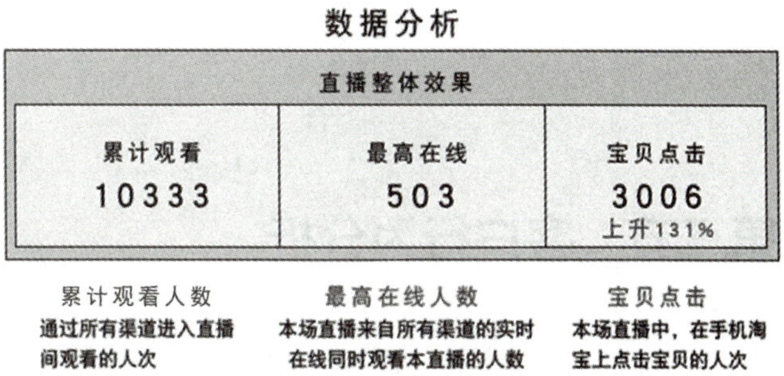

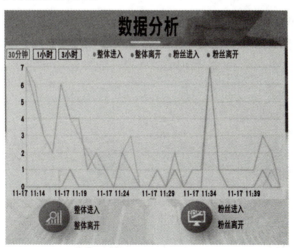

图 11-10　直播数据

(2) 在数据中可以看到有"累计观看""最高在线""宝贝点击"等数据。

(3) 打开一个数据分析的曲线图，可以根据线条的波动来查看观众的收视率效果。

(4) 在曲线图中，可以根据观众的进入以及离开的时间来进行总结，了解他们在直播当中的逗留情况。

(5) 在曲线图查看时间，可以选择"30分钟""1小时""3小时"三种时间来进行分析查看，如图11-11所示为直播曲线图。

图 11-11　直播曲线图

(6) 有些直播数据，如粉丝人均观看时间、观看指数、粉丝回访、新增粉丝数等是非常重要的。根据这些数据可以分析粉丝的黏性，如图11-12所示。

数据分析

粉丝人均观看时长	观看指数	粉丝回访	新增粉丝
252秒	1.25	105	356

粉丝人均观看时长	观看指数	粉丝回访	新增粉丝
在本直播间的平均停留时长	粉丝观看时长的参考指数	本场直播中，手机淘宝渠道上，进入直播间并且有粉丝关系的人次	本场直播，手机淘宝渠道上，新产生关注的粉丝人数

图 11-12　直播粉丝黏性

▶▶🛒 第三节　客户行为分析

网店客户行为分析是一种通过收集和分析网店客户的基本信息、购买行为、浏览行为、服务感受、社交分享等数据，来掌握客户的需求、偏好、忠诚度、价值等特征，从而制订相应的运营策略和营销活动，提高客户满意度和转化率的方法。

一、客户购物体验分析

网店客户购物体验分析是通过一定的方法和工具，了解和评价网店客户在购物过程中的感受、满意度和忠诚度，以及影响他们购物行为的各种因素，从而提高网店的服务质量和竞争力的方法。网店客户购物体验分析的内容包括以下方面。

1. 购物网站网页设计

购物网站网页设计包括网站的加载速度、商品分类的逻辑性、关键字搜索的准确度、商品浏览页的布局美观度、下单并付款流程的交互设计细节等。如图 11-13 所示为某购物网站网页。

图 11-13　购物网站网页

2. 卖家信

卖家信誉包
等。图 11-14 中显示了
起的退款率、顾客在物流规定
满意时发起的退货退款自主完结时

卖家的服务态度以及物流服务的质量
天内服务情况。其中，因为纠纷引
仅退款完结时长、顾客收到货不
影响卖家信誉的因素。

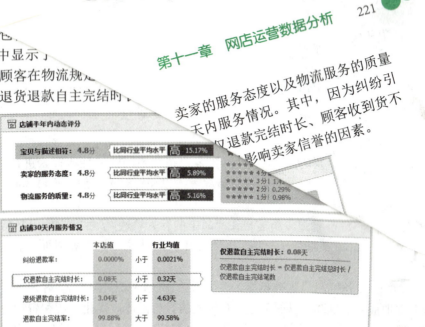

图 11-14 店铺服务情况与动态评分

3. 商品

商品的品质、价格、描述、图片、视频等信息，以及商品推荐的相关度，影响客户对商品的认知和兴趣。

4. 物流配送

物流的速度、费用、服务态度等，以及物流信息的更新和跟踪，影响客户对商品的期待和满意度。

5. 支付方式

支付方式的多样性、便捷性、安全性等，影响客户对支付过程的信心和舒适度。

6. 操作过程的便捷性

操作过程的便捷性包括操作步骤的简单性、清晰性、易用性等，这些因素影响客户在购物过程中的耐心和效率。

7. 个人信息安全

个人信息安全包括个人信息的保护隐私政策、风险提示等，影响客户对网店的信任和安全感。

8. 售前售后服务

售前售后服务包括客服的服务态度、响应速度、诚信度等，以及退换货、维修保养等服务，影响客户对网店的好感和忠诚度。

9. 个性化服务

个性化服务包括根据客户的购买历史、偏好、需求等提供个性化的商品推荐、优惠券、

小礼物等，增加客户对网店的黏……过收集、分析和应用客户的各种数据，了解

二、客户数据分析 ……满意度，以及影响他们购买决策的各种因素，从

客户数据分析是一种……高客户体验和忠诚度。
和评价客户的特征、……
而为客户提供更好……

1. 客户数…… 设定分群维度，将客户按照不同的属性或行为进行分类，例如年
(1) 客户…… 道、活跃度、付费情况等，以便针对不同的客户群体制订不同的营销
龄、性别……
策略和……户行为分析。通过分析客户在产品中的行为轨迹，了解客户使用产品的核心行为、
……转化路径、高频周期性行为等，以便优化产品功能、流程和界面，提高转化率和留
存率……

(3) 客户价值分析。通过分析客户对产品的贡献和成本，评估客户的生命周期价值
(LTV) 和获取成本 (CAC)，以便确定最有价值的客户群体，优化资源配置和投资回报。

(4) 客户满意度分析。通过收集和分析客户对产品的反馈和建议，评估客户对产品的
满意度和忠诚度，以及存在的问题和改进空间，以便提升客户服务质量和关系管理。如图
11-15 所示为客户满意度分析内容。

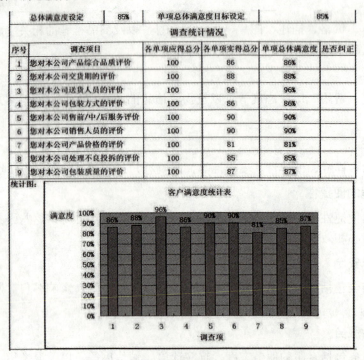

总体满意度设定	85%	单项总体满意度目标设定		85%	
调查统计情况					
序号	调查项目	各单项应得总分	各单项实得总分	单项总体满意度	是否纠正
1	您对本公司产品综合品质评价	100	86	86%	
2	您对本公司交货期的评价	100	88	88%	
3	您对本公司送货人员的评价	100	96	96%	
4	您对本公司包装方式的评价	100	86	86%	
5	您对本公司售前/中/后服务评价	100	90	90%	
6	您对本公司销售人员的评价	100	90	90%	
7	您对本公司产品价格的评价	100	81	81%	
8	您对本公司处理不良投拆的评价	100	85	85%	
9	您对本公司包装质量的评价	100	87	87%	

图 11-15　客户满意度分析内容

2. 客户数据分析的方法

客户数据分析按以下步骤进行。

(1) 收集客户的各种数据。客户数据包括客户的交易时间、交易频次、消费金额、购买的主要产品、客户来源、客户类型、客户反馈等。收集的这些数据必须真实准确，否则将毫无意义。

(2) 分析收集的数据。通常将客户分为有效客户和无效客户，有效客户是指有消费行为或有消费意愿的客户，无效客户是指没有消费行为或没有消费意愿的客户。

(3) 对有效客户进一步地细分。可以根据不同的维度进行分类，例如对客户的消费金额或频次进行分析，按照客户的年龄、性别、地区、渠道、活跃度、付费情况等进行客户分群，按照客户在产品中的行为轨迹进行客户细分等。

(4) 对不同细分的客户进行评估和比较。了解各类客户的特征、需求、偏好、价值和满意度，以及影响他们购买决策的各种因素，找出最有价值和最有潜力的客户群体，以及存在的问题和改进空间。

(5) 根据分析结果制订相应的运营和营销策略。针对不同细分的客户提供个性化和差异化的产品和服务，提高客户体验和忠诚度，增加复购率和转介绍率，扩大市场份额和利润空间。

三、客户行为分析

客户行为分析是一种运营数据分析方法，旨在了解客户的行为模式、偏好和购买决策过程。通过深入分析客户行为数据，企业可以获得有关客户的有价值见解，并采取相应的措施来提高客户满意度、增加客户忠诚度和促进销售增长。如图 11-16 所示为京东客户行为分析。

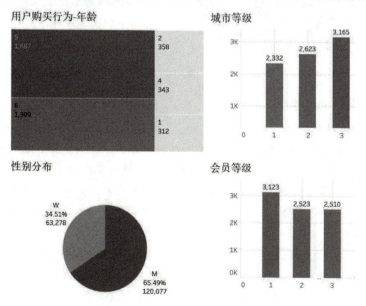

图 11-16　京东客户行为分析

1. 客户行为分析方法

1) 流量指标的分析

通过分析网店的总浏览量 (PV) 和总访问量 (UV)，以及在不同的日期和时间维度下的变化趋势，来了解网店的流量大小和波动情况，以及受到哪些因素的影响，如促销、节日等。

2) 客户指标的分析

通过分析客户的购买次数、购买次数的分布和复购率，来了解客户的购买频率和忠诚度，以及客户群体的特性和差异。

3) 客户行为转化的分析

通过使用漏斗模型，分析客户从点击到有购买意向 (收藏或加购)，再到支付购买的整个过程中，各个环节的转化率和流失率，以及存在的问题和改进空间。

4) 客户购买商品的分析

通过分析客户购买的商品类别和具体商品，来了解网店的商品结构和销售情况，以及哪些商品畅销或滞销，是否存在爆款商品或长尾商品的效应。

5) 客户价值的分析

将客户根据最近一次消费时间 (Recency)、消费频率 (Frequency) 和消费金额 (Monetary) 三个维度进行划分，得到不同价值的客户群体，如粉丝客户、活跃客户、付费客户、普通客户、新激活客户等，并针对不同价值的客户提供个性化和差异化的运营策略。如图 11-17 所示为客户价值分析。

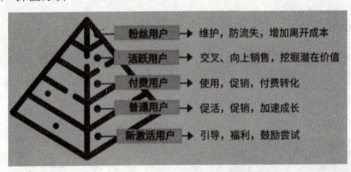

图 11-17　客户价值分析

2. 客户行为分析的步骤

(1) 明确分析目标和问题。根据网店的业务目标和运营状况，确定要分析的客户行为类型和指标，以及要解决的问题和目标，如提高转化率、增加复购率、优化商品结构等。

(2) 收集和处理数据。根据分析目标和问题，选择合适的数据来源和工具，如网站后台、第三方平台、问卷调查等，收集相关的客户行为数据，如浏览、点击、收藏、加购、购买等。同时，对收集的数据进行清洗和处理，如去除重复值、缺失值、异常值等，保证数据的质量和准确性。

(3) 分析和解释数据。根据分析目标和问题，选择合适的分析方法和工具，如描述统计、假设检验、相关分析、漏斗模型、RFM 模型等，对客户行为数据进行分析和解释，发现数据的规律和趋势，以及存在的问题和原因。

(4) 提出改进建议。根据分析结果，提出针对性的改进建议和策略，如优化网站设计、增加促销活动、提供个性化推荐、提高服务质量等，并制订执行计划和评估标准，以实现分析目标和问题的解决。

3. 客户画像

客户画像是指通过收集和分析用户的各种数据，如人口属性、网络行为、兴趣偏好、消费能力等，来描绘用户的特征、需求和价值的一种模型。如图 11-18 所示为客户画像。

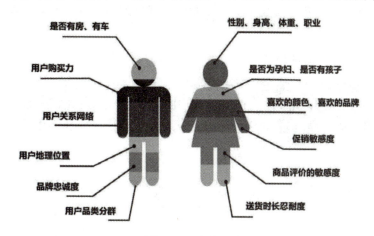

图 11-18　客户画像

客户画像有以下几个主要作用。

(1) 精准营销。根据客户画像，可以对客户进行细分和定位，提供个性化的广告、推送、活动等，提高营销效果和转化率。

(2) 客户研究。根据客户画像，可以了解客户的需求和痛点，指导产品优化和创新，甚至实现产品功能的私人定制。

(3) 个性化服务。根据客户画像，可以提供个性化的内容推荐、搜索结果、客服服务等，提高客户满意度和忠诚度。

(4) 业务决策。根据客户画像，可以进行排名统计、地域分析、行业趋势、竞品分析等，支持数据驱动的业务决策。

▶▶ 🛒 第四节　常用分析工具

一、生意参谋

生意参谋是一个数据分析的工具，可以帮助卖家清晰地看到网店的现状和未来的发展方向，是一站式、个性化、可定制的商务决策体验工具。

1. 生意参谋的功能

生意参谋具有以下功能：

(1) 查看店铺的日常经营数据。生意参谋方便卖家查看自己店铺的日常经营数据和淘宝市场同行的经营数据，比如访客数、浏览量、支付金额、支付转化率、客单价、退款金额和服务态度评分等。

(2) 分析店铺的产品。生意参谋分析店铺的数据指标变化，更好地优化店铺。比如根据产品关键词的流量增长情况，做产品标题优化。

(3) 了解同行。生意参谋可以看到行业店铺流量分析的数据，行业的产品交易数据，行业热门的搜索词等，从而学习优秀的店铺，借鉴他们的经验和策略。可以看到同行所有终端的支付金额、支付转化率等数据图，从而在淘宝 SEO 方面具有更大的优势。

2. 生意参谋的运用

(1) 通过千牛后台，"服务"选项进入"生意参谋"页面，如图 11-19 所示。

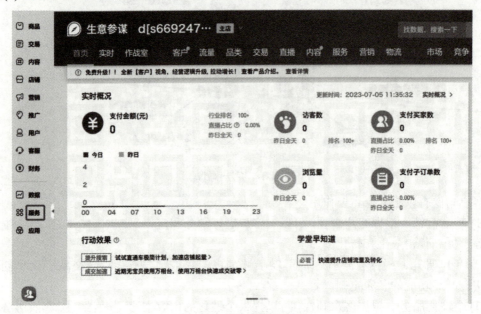

图 11-19　生意参谋页面

(2) 根据店铺实际访客情况，可以设置推广地域。在"生意参谋→流量→访客分析"中查看，还有"生意参谋→客户→客户特征"，可以看到那些地域整体的转化情况。对于转化率高的地域，可以加大推广力度，反之减少推广。如图 11-20 所示为访客地域分析。

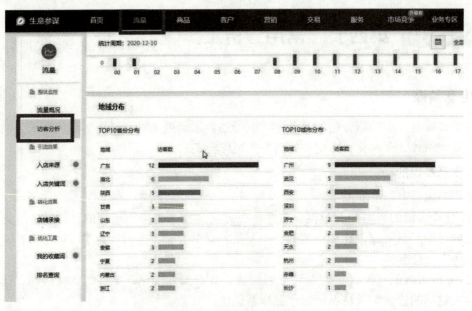

图 11-20　访客地域分析

（3）设置推广时间。在"生意参谋→流量→访客分析"中查看，可在访客数量最多的时段重点投放推广。如图 11-21 所示为推广时段分析。

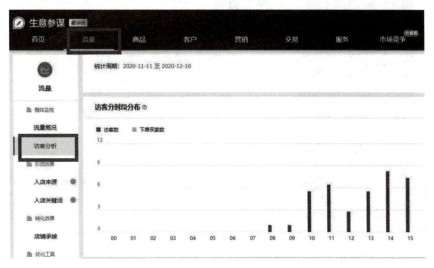

图 11-21　推广时段分析

（4）选品。在"生意参谋→商品→商品排行"可以查看，商品在最近某一段时间内的表现情况。

（5）选词。在"生意参谋→流量→入店关键词"查看，可以通过选词助手，找到一些有潜力的词。如图 11-22 所示为关键词分析。

图 11-22　关键词分析

（6）效果验证。要随时关注数字营销报表，针对不同的推广渠道，可以看到基础的报表。如图 11-23 所示为营销报表。

图 11-23　营销报表

二、生 e 经

生 e 经是一款收费的淘宝数据分析软件，主要包括流量分析、销售分析、商品分析、行业分析等功能。可以对店铺的各种数据进行全面分析，指导营销的策略，从而促进店铺的持续发展，生 e 经功能如下。

1. 流量分析

生 e 经的流量分析功能非常强大，可以按时段、按省份对流量进行分析，也可以按照受访页面和流量来源进行分析。其操作方法很简单：进入生 e 经页面，在顶部导航栏中点击"流量分析"选项卡，在左侧的导航栏中选择需要查看的流量数据即可。

2. 销售分析

生 e 经的销售分析主要包括销售概况、销售指标、销售来源分析，买家分析等功能。通过生 e 经的销售分析，经营者可以全面了解店铺的销售数据，了解店铺订单状况，了解买家的付款时段和付款省份，并可追踪买家的下单路径和订单来源；同时，还可对销售人员的性别、年龄、数量等进行查看和分析。

3. 商品分析

商品分析是生 e 经非常重要的一个功能，可以对商品的上架时间、标题、主图、标价、橱窗推荐、销售搭配等各种影响店铺搜索排名的要素进行分析。如在分析商品上架时间时，生 e 经将同时列出同类型商品的上架时间供经营者参考；在分析商品标题时，生 e 经将对商品标题中的热搜词进行分析，并推荐和提供其他热搜词的使用情况。

4. 行业分析

生 e 经的行业分析功能主要用于分析某个行业的信息，包括热销商品排行、热销店铺、卖家信用分布、卖家城市分布、上架时间分布、宝贝价格分布等。如查询同行商品上架时间分布时，可以分别查看上架商品数量、上架时间分布、上架商品成交量等。

本章回顾

本章主要学习店铺数据分析，包括网店经营状况分析，网店商品分析和客户行为分析。还了解了常用分析工具及运用。

思考练习

一、简答题

1. 流量分析的步骤是什么？

2. 运营数据分析的步骤是什么？

3. 为什么要进行流量分析？

4. 客户购物体验分析的具体内容是什么？

5. 如何提高网店客户的购物体验？

二、案例分析

某网店出售果园现摘的时令水果，主打原生态品牌，以迎合消费者的喜好。起初网店有一些流量，后来在几天之内，网店流量掉了一半。店主进行了数据分析，发现网店的付费流量和自然流量都在下滑。他查询了当前行业的热搜词和同类目网店的销售情况后发现，原来换季之后，买家开始搜索应季鲜果，网店之前主推的水果成了换季的淘汰品。

请你根据该店主的数据分析，作出设计方案进行整改。

参考答案

参 考 文 献

[1]　严珩，张华．网店运营：流量优化 内容营销 直播运营 [M]．北京：人民邮电出版社，2022.

[2]　胡敏．电商运营内容指南 [M]．北京：机械工业出版社，2020.

[3]　燕鹏飞，梁谱文．内容电商运营实战指南 [M]．北京：中华工商联合出版社，2020.

[4]　滕宝红，徐梅．电商运营经理实战工作手册 [M]．北京：人民邮电出版社，2022.

[5]　北京鸿科经纬科技有限公司．网店运营基础 [M]．2 版．北京：高等教育出版社，2022.

[6]　蔡勤，李圆圆．直播营销 [M]．北京：人民邮电出版社，2021.

[7]　芮红磊，戴月，杨泳波．电商直播 [M]．北京：电子工业出版社，2021.

[8]　韦亚洲，施颖钰，胡咏雪．直播电商平台运营 [M]．北京：人民邮电出版社，2021.

[9]　张雨雁，应中迪，黄宏．直播电商与案例分析 [M]．北京：人民邮电出版社，2022.

[10]　武晶晶，刘奇锋．直播营销 [M]．北京：航空工业出版社，2021.

[11]　郭刚志，陈志远，胡丽丹．直播电商实务 [M]．长沙：湖南师范大学出版社，2022.

[12]　陈志轩，欧丹丽，张运建．淘宝网店运营全能一本通 [M]．北京：人民邮电出版社，2017.

[13]　李振华．网店装修设计与制作 [M]．北京：清华大学出版社，2017.

[14]　曹培强，陆沁，冯海靖．Photoshop 淘宝网店设计与装修专业教程 [M]．北京：清华大学出版社，2016.

[15]　段文忠．网店运营管理 [M]．北京：高等教育出版社，2019.

[16]　张茹，黄苑，段星梅．数据化运营管理 [M]．北京：人民邮电出版社，2020.